全国医药职业教育药学类专业特色教材
（供药学类、食品药品类及相关专业用）

药品营销综合实训

主　编　付晓娟　王　韵
主　审　杨元娟　何　巧
副主编　杨韵菲　余　虹　张晋之
编　者（以姓氏笔画为序）
王　韵（重庆医药高等专科学校）
付晓娟（重庆医药高等专科学校）
杨韵菲（重庆医药高等专科学校）
余　虹（重庆医药高等专科学校）
张晋之（重庆医药高等专科学校）
张启超［礼来（上海）管理有限公司］
徐朝华（重庆鑫奥医药有限公司）
龚　萍（重庆医药高等专科学校）
谢　颖（重庆医药高等专科学校）

中国健康传媒集团
中国医药科技出版社

内容提要

本教材为“全国医药职业教育药学类专业特色教材”之一。全书设置了基本素质和技能训练、社会药房服务人员营销技能等五大模块，分为药店营销综合、药店拜访综合、医院客户拜访综合等20个实训项目。本实训教材坚持理论指导和实践技能训练为核心的原则，运用药事管理与法规、医药电子商务等知识策划，并设有工作案例讨论与分析，为学生适应药品经营、管理、销售等岗位奠定了良好的基础。本教材主要供高职高专药学及相关专业使用。

图书在版编目（CIP）数据

药品营销综合实训/付晓娟，王韵主编.—北京：中国医药科技出版社，2018.9

全国医药职业教育药学类专业特色教材

ISBN 978-7-5214-0433-3

Ⅰ.①药… Ⅱ.①付… ②王… Ⅲ.①药品—市场营销学—高等职业教育—教材 Ⅳ.①F724.73

中国版本图书馆CIP数据核字（2018）第209745号

美术编辑 陈君杞

版式设计 张 璐

出版 **中国健康传媒集团** | 中国医药科技出版社

地址 北京市海淀区文慧园北路甲22号

邮编 100082

电话 发行：010-62227427 邮购：010-62236938

网址 www.cmstp.com

规格 787×1092mm $^1/_{16}$

印张 7 $^1/_2$

字数 118千字

版次 2018年9月第1版

印次 2021年1月第2次印刷

印刷 三河市百盛印装有限公司

经销 全国各地新华书店

书号 ISBN 978-7-5214-0433-3

定价 20.00元

前 言

药品营销综合实训是在学生初步掌握药品营销相关专业知识和专业技能的基础上所进行的综合性实践训练，结合药品经营、药品管理、药品销售等岗位为主要去向的目标定位，融“教、学、做”为一体，强化学生的实际操作能力。通过实训，让学生模拟真实药店场景进行药店产品陈列、事务管理及营销活动；针对OTC代表和临床医药代表岗位能力需求，进行模拟客户拜访、客户管理等实践综合训练，并综合运用药事管理与法规、医药电子商务、物流管理等相关专业知识，做出相应的策划。

通过连续的综合实训，旨在帮助学生提高独立分析和解决实际问题的能力；实训过程融能力培养和素质教育于一体，在培养学生团队合作精神和创新能力的同时，培养他们作为药品销售、经营、管理人员面对竞争激烈、瞬息万变的市场环境时敢于承担责任、正确对待失败和挫折的心理承受能力，提高学生的实际工作能力，为学生今后走上工作岗位、适应就业岗位要求奠定基础。

本实训由主编付晓娟、王韵统稿，杨元娟和何巧（重庆希尔安药业有限公司）主审。模块一项目一、模块五项目三由付晓娟撰写，模块三项目二由付晓娟、王韵撰写，模块四项目一、模块四项目二由付晓娟、张启超撰写，模块四项目三由付晓娟、徐朝华撰写，模块一项目二、模块一项目六、模块五项目一、模块五项目二由王韵撰写，模块一项目三、模块二项目一、模块二项目五由余虹撰写，模块一项目四由龚萍撰写，模块一项目五、模块二项目二、模块二项目三、模块二项目四由杨韵菲撰写，模块三项目一由张晋之撰写，模块五项目四由谢颖撰写。

由于编写人员水平有限，书中存在不足之处在所难免，还请各位师生批评指正，以臻不断改进和完善！

编　者

2018年4月

目录

| 模块一 |

基本素质与技能训练模块

项目一　逆商培养

【实训目的】

1. 掌握　逆商考评的四个关键因素。

2. 了解　逆高的定义。

3. 学会在面临逆境时，能清晰认识自己，找到自己的短板，按照这四个关键因素提升自己的逆商。

【实训要求】

以个人为实训单位，测试自己的逆商；根据测试结果、结合四个关键因素，写出自己的改进思考。

【实训内容】

一、实训背景

大量资料显示，在市场经济日趋激烈的今日，大学生创业成功与否，不仅取决于其是否有强烈的创业意识、娴熟的专业技能和卓越的管理才华，更大程度上取决于其面对挫折、摆脱困境和超越困难的能力。因此，高校教育工作者在实施营销与创业教育的过程中，应该把大学生的逆商培养作为着力点，积极对大学生进行培养，使其在逆境中形成良好的思维反应方式，增强意志力及摆脱困境的能力，从而提高大学生创业的成功率。

逆商（AQ），又称挫折商，其考评的四个关键因素为控制（Control）、归属（Ownership）、延伸（Reach）和忍耐（Endurance）。

二、实训步骤

（1）进行个人逆商测试。

（2）进行自我逆商值评价。

（3）分析自己面临困境时的逆商短板。

（4）结合逆商的四个关键因素制定自我逆商的提升计划。

三、个人逆商测试

本逆商测试题从四个维度衡量职场逆商，共20题，测试时间为20分钟，最高值为200分。请注意：自己平时是怎样的反应就怎样回答，不要刻意，这样的成绩才真实有效。参考网站：http：//www.iqeq.com.cn/Aqjie.aspx。

题1.经过全面搜索，你仍没有找到那份重要文件，该事件带来的影响将会

A.很快过去　B. 25%　C. 50%

D. 75%　E.永远存在

题2.你的钱似乎永远不够花，带来的影响将会

A.无所谓　B. 25%　C. 50%

D. 75%　E.永远存在

题3.你丢了对你来说十分重要的东西，该事件带来的影响将会

A.很快过去　B. 25%　C. 50%

D. 75%　E.永远存在

题4：你不小心删除了一份十分重要的邮件，该事件带来的影响将会

A.很快过去　B. 25%　C. 50%

D. 75%　E.永远存在

题5：你没能得到急需的假期，该事件带来的影响将会

A.很快过去　B. 25%　C. 50%

D. 75%　E.永远存在

题6：你正陷入经济危机，你能否改善这种情况

A.一点也不能　B. 25%　C. 50%

D. 75%　E.完全能

题7：即使知道自己应该每天按时锻炼，你也无法做到，你能否改善

A.一点也不能　B. 25%　C. 50%

D. 75%　E.完全能

题8：你的私人生活和工作职责出现失衡，你能否改善

A.一点也不能　B. 25%　C. 50%

D.75%　E.完全能

题9：对你提出的最新观点人们持反对意见，你能否改善

A. 一点也不能　　B. 25%　　C. 50%

D. 75%　　E. 完全能

题10：你的电脑系统又崩溃了，这已经是本周发生的第三次，你能否改善

A. 一点也不能　　B. 25%　　C. 50%

D. 75%　　E. 完全能

题11：老板坚决不同意你的决定，该事件对你的影响大到什么程度

A. 一点也没影响　　B. 25%　　C. 50%

D. 75%　　E. 影响我生活的方方面面

题12：你错过了一个重要约会，该事件带来的影响将会

A. 一点也没影响　　B. 25%　　C. 50%

D. 75%　　E. 影响我生活的方方面面

题13：你正在处理的工作被突然中止，该事件带来的影响将会

A. 一点也没影响　　B. 25%　　C. 50%

D.75%　　E. 影响我生活的方方面面

题14：赶赴一个重要约会时，你在路上总遇到红灯，该事件带来的影响将会

A. 一点也没影响　　B. 25%　　C. 50%

D. 75%　　E. 影响我生活的方方面面

题15：你刚刚完成的一项工作受到了批评，该事件带来的影响将会

A. 一点也没影响　　B. 25%　　C. 50%

D. 75%　　E. 影响我生活的方方面面

题16. 你错过一次晋升机会，你认为自己应为改善这种状况承担多少责任

A. 一点责任也没有　　B. 25%　　C. 50%

D. 75%　　E. 负完全责任

题17. 你正在参加的会议完全是浪费时间，你自认为应为改善这种状况承担多少责任

A. 一点责任也没有　　B. 25%　　C. 50%

D. 75%　　E. 负完全责任

题18. 你组织的活动没能达成目标，你自认为应为改善这种状况承担多少责任

A. 一点责任也没有　　B. 25%　　C. 50%

D. 75%　　E. 负完全责任

题19. 对你试图讨论的某个重要问题，你尊重的人并不理睬，你认为应为改善这种

状况承担多少责任

A.一点责任也没有　　B. 25%　　C. 50%

D. 75%　　E.负完全责任

题20.如果对你很重要的网站（如你常去的）连续关闭一周或者很长时间无法登录，对你的影响是

A.一点也没影响　　B. 25%　　C. 50%

D. 75%　　E.对我影响很大

【分值参考】

选项A：0分　　选项B：2.5分　　选项C：5分

选项D：7.5分　　选项E：10分

请根据自己的实际反应填写选项并计算分数，评估自己的AQ值。

低逆商者得分在0~59分之间，这类人一遇事情，就觉得天要塌了，惊慌失措，或是逃避，做事没劲头，没信心，没有持之以恒的毅力（60~94属于较低逆商）。

中等逆商者得分在95~134分之间，这类人不能充分调动自己的能力和潜力来应付困难局面，觉得花了很大精力，还不时有无助感或失望心态产生（135~165属于较高逆商）。

高逆商者得分在166~200分之间，这类人看问题深刻，能分清问题的前因后果和自己所处的位置，可找出尽可能有利或减少负面影响的方案来。

【实训评价】

教师明确实训目的和要求，适时指导实训，学生分组自主组织开展实训；实训结束后，进行实训交流，师生共同评价工作成果。考核内容见实训评价表。

实训评价表（小组得分表）

考核项目	考核标准	配分	自我评价	提升对策	实际得分
控制感	对周围环境的信念控制能力	25分			
起因和责任归属	事件发生的内因与外因	25分			
影响范围	逆境所带来负面影响的影响范围	25分			
持续时间	逆境所带来负面影响的持续时间	25分			
合计		100分			

【参考知识要点】

一、逆商概述

成功之路上存在一个具有至关重要作用的新概念：逆商（挫折商，AQ）。IQ（智商）、EQ（情商）和AQ并称3Q，成为人们获取成功必备的不二法宝，有专家甚至断言，100%的成功=20%的IQ+80%的EQ和AQ。

AQ来自英文Adversity Quotient，全称逆境商数，一般被译为挫折商或逆境商，是美国职业培训师保罗·史托兹提出的概念。AQ是指人们面对逆境时的反应方式，即面对挫折、摆脱困境和超越困难的能力。大量资料显示，在市场经济日趋激烈的今日，大学生创业成功与否，不仅取决于其是否有强烈的创业意识、娴熟的专业技能和卓越的管理才华，更大程度上取决于其面对挫折、摆脱困境和超越困难的能力。因此，高校教育工作者在实施创业教育的过程中，应该把大学生的逆商培养作为着力点，积极对大学生进行培养，使其在逆境中形成良好的思维反应方式，增强意志力和摆脱困境的能力，从而提高大学生创业的成功率。

AQ不仅是衡量一个人超越工作挫折的能力，还是衡量一个人超越任何挫折的能力。同样的打击，AQ高的人产生的挫折感低，而AQ低的人就会产生强烈的挫折感。

二、逆商的四个关键因素

在逆商的测验中，一般考察以下四个关键因素——控制（Control，C）、归属（Ownership，O）、延伸（Reach，R）和忍耐（Endurance，E），简称为CORE。控制指自己对逆境有多大的控制能力；归属是指逆境发生的原因和愿意承担责任、改善后果的情况；延伸是对问题影响工作、生活其他方面的评估；忍耐是指认识到问题的持久性以及该问题对个人的影响会持续多久。

保罗·史托兹教授将逆商划分为四个部分，即：Control（C），控制感；Origin & Ownership（O & O），起因和责任归属；Reach（R），影响范围；Endurance（E），持续时间。

1.控制感 是指人们对周围环境的信念控制能力。面对逆境或挫折时，控制感弱的人只会逆来顺受，信天由命；而控制感强的人则会凭借一己之力能动地改变所处环境，相信人定胜天。

控制感弱的人经常说：我无能为力，我能力不及；控制感强的人则会说：虽然很难，但这算什么，一定有办法。

2.起因和责任归属　造成我们陷入逆境的起因可分成两类。

第一类为内因，如由于自己的疏忽、无能、未尽全力，亦或宿命论。人们往往表现为过度自责、意志消沉、自怨自艾或自暴自弃。

第二类为外因，如合作伙伴配合不利、时机尚未成熟或者外界不可抗力。

内因是事物存在的基础，是一事物区别于其他事物的内在本质，是事物运动的源泉和动力，决定着事物运动和发展的基本趋势。外因是事物存在和发展的外部条件，通过内因而作用于事物的存在和发展，加速或延缓事物的发展进程，不能改变事物的根本性质和发展的基本方向。内因是变化的根据，外因是变化的条件，外因通过内因而起作用。

由于内因陷入逆境的人会说：都是我的错，我注定要失败。由于外因陷入逆境的人会说：都怪时机不成熟，事前怎么就没想到会发生这样的情况呢？高逆商者，往往能够清楚地认识到使自己陷入逆境的起因，并甘愿承担一切责任，能够及时采取有效的行动，痛定思痛，在跌倒处爬起。

3.影响范围　高逆商者，往往能够将在某一范围内陷入逆境所带来的负面影响仅限于这一范围，并能够将其负面影响程度降至最低。

比如，身陷学习的逆境中，就仅限于此，而不会影响自己的工作和家庭生活；与家人吵架，就仅限于此，而不会因此失去家庭；对事争执，就仅限于此，而不会对人也有意见。高逆商者能够将逆境所产生的负面影响限制在一定范围内，不会扩大到其他层面。越能把握逆境的影响范围，就越可以把挫折视为特定事件，越觉得自己有能力处理，不致惊惶失措。

4.持续时间　逆境所带来的负面影响既有影响范围的问题，又有影响持续时间的问题。持续时间包括逆境将持续时间和造成逆境起因的持续时间。逆商低的人，往往会认为逆境将长时间持续，事实便会如他们所想。

三、典型案例

可口可乐的总裁古滋·维塔就是一个高逆商的人。这位著名的古巴人，40年前随全家人匆匆逃离古巴，来到美国，身上只带了40美金和100张可口可乐的股票。同样是这个古巴人，40年后竟然能够领导可口可乐公司，让这家公司在他退休时股票增长了7倍！整个可口可乐公司价值增长了30倍！他在总结自己的成功历程时讲了这样一句话：一个人即使走到了绝境，只要你有坚定的信念，抱着必胜的决心，你仍然还有成功的可能。

古滋·维塔是高逆商者的代表，他的一生经历了无数的坎坷，但都一次又一次地被他超越了。也许有人会说：因为他成功，所以就说他逆商高。的确，人们对成功者的评价往往是“马后炮”，在他们成功以后再总结其成功的要素，而不能有“先见之明”。同样的，以往人们常常凭借直观感觉来看待一个人对困难的态度，认为这个人持之以恒、坚忍不拔，亦或意志力薄弱、缺乏耐心等，这种观察是模糊不清的，对个人的培养锻炼没有实际意义。

（付晓娟）

项目二　谈判沟通能力训练

【实训目的】

1. 掌握　谈判的基本策略并学会运用。

2. 学会在与客户的谈判活动中运用谈判技巧，并在谈判中掌握主动权。

【实训要求】

以5~6人为实训单位进行分组，在规定时间内阅读案例背景，并进行模拟表演；学生学会运用谈判中的策略：休会策略、最后期限策略、假设条件策略、开放策略及润滑策略。

【实训内容】

一、实训背景

为提高竞争力，学涯药店拟进一批保健食品，作为药店采购方，请你和你的团队按照要求，搜集、整理与目标保健食品相关的资料，以便于与供应商谈判。

二、实训步骤

（1）从给定三家供应商中选出认为合适的供应商。

（2）搜集供应商及产品的相关信息。

（3）拟定与供应商谈判的方案。

（4）与供应商进行谈判。

（5）教师点评。

（6）各组撰写实训总结。

【实训评价】

教师明确实训的目的和要求，适时指导实训，学生分组自主组织开展实训；实训结束后，进行实训交流，师生共同评价工作成果。考核内容见实训评价表。

实训评价表（小组得分表）

考核项目	考核标准	配分	实际得分
	合理调查并收集谈判所需资料	20分	
	模拟表演包含所需的谈判策略	30分	
	选择合适的时机结束谈判	20分	
团队协作	组内成员分工合理、团结协作	20分	
完成时间	每超过1分钟扣1分，至本项分数扣完为止	10分	
合计		100分	

小组成员分工协作表（成员得分表）

成员姓名	承担的任务	任务完成情况	加减分情况	最终得分
成员1				
成员2				
成员3				
成员4				
成员5				

【参考知识要点】

1. 制造僵局技巧

（1）小题大做　指在必要情况下将事态扩大，造成非决策人员不能解决的态势。

（2）增加议题　指将原来可以取得共识的议题与另外的一时无法取得共识的议题“挂钩”，并使之互为条件，以此增加协商难度，加强自身实力。

（3）结盟　指实力较弱的一方与第三方结盟，从而加强自身实力，与实力较强的一方匹敌。

2. 谈判中的策略

（1）休会策略　谈判遇到障碍、僵持、疲惫等情况时，及时休会，调整状态，稳定情绪，恢复体力。

（2）最后期限策略　规定谈判结束的具体时间，改变拖沓情况，集中精力，促进进程。

（3）假设条件策略　适合互相探测阶段，提出假设可使谈判灵活机动，有利双方达成互惠交易。

（4）开放策略　谈判人员在谈判过程中，应开诚布公，使谈判任务在诚恳、公开的气氛中有效地完成。适合长期合作关系。

（5）润滑策略　西方把馈赠礼品、联络感情称为润滑策略。

（王　韵）

项目三　自我管理能力训练

【实训目的】

1.掌握　管理者角色所需要的能力。

2.熟悉　管理者角色的地位和影响因素；实践的有限性及合理管理时间的重要性。

3.了解　管理者应具备的重要习惯。

4.学会运用自我管理能力的训练方法，培养良好的生活、学习和工作习惯。

【实训要求】

通过实训活动，认识自己眼中的“我”和他人眼中的“我”；训练积极评价他人和换位思考的能力；训练反应能力和时间观念；面对自己的弱点，克服心理障碍，勇于承担责任。

【实训内容】

活动一　我是谁

（1）将学生分成若干小组，每一小组2人，一人为甲，一人为乙（最好找不熟悉的同学为伴）。

1）甲向乙介绍自己的特点，乙做记录，时长5分钟。甲诉说自己一个缺点之后，必须说一个优点。

2）甲乙角色互换，重复上述动作。

3）甲乙两人取回对方记录的纸张，在背面的右上角签上自己的名字。

4）师生分享活动的心得与感受，并讨论：介绍自己的优点与缺点，何者较为困难，为什么。

（2）3~4个小组合并为一大组，每大组有6~8人。

1）每个同学将其签名的记录纸（空白面朝上）传给右手边的同学。拿到签名纸张的同学根据自己对该同学的观察与了解，在纸张上写下欣赏性评价："我欣赏你，因为——"。写完之后，依次向右传递，直到签名纸张传回至本人为止。

2）每个同学阅读其他同学对自己的欣赏性评价。

3）同学分享此活动的感想与收获，说明了解并接纳真实的自己的重要性。

活动二　不要只说我

（1）学生自己寻找同伴。

（2）互相提问，问题不限，但不能使用"我"字。

（3）记录对方说了多少个"我"字，以多者为输。

活动三　时钟

（1）在黑板或墙壁上画一个大的时钟模型，将时钟的刻度标识出来。

（2）3个学生为一组，分别扮演时钟的秒针、分针和时针。此三人分别手持三种长度的木棍或其他道具代表时钟的指针，在时钟前面站成一纵列（注意是背向黑板或墙壁，扮演者看不到时钟模型）。

（3）教师任意说出一个时刻，如6点15分35秒，表演者迅速地将代表指针的道具指向正确的位置，指示错误或指示慢的人受罚。

（4）可重复表演。

活动四　勇于承担责任

（1）学员相隔一臂站成若干排。

（2）教师喊"一"，学员向右转；喊"二"，学员向左转；喊"三"，学员向后转；喊"四"，学员向前跨一步；喊"五"，学员不动。做错的人走出队列，站到大家面前鞠躬，并举起右手高声说："对不起，我错了！"

【实训总结】

活动一

（1）人贵于有自知之明，自知之明可以通过交流和游戏获得。

（2）这个游戏可以把"欣赏性评价"调整为"批评性评价"，观察效果如何。

活动二

（1）管理者的角色能力之一是从他人角度思考问题。这个活动可训练积极评价他人的能力。

（2）调整与他人交流的方式，以便更多地关注别人。

活动三

这个活动可训练反应能力，培养时间观念，对意识深层的影响也非常重大。

活动四

这是一个大多数人都会犯错的活动。面对错误时，人有时会不承认自己犯了错误；有时是认识到自己错了，但没有勇气承认，因为很难克服心理障碍。事实上，只有勇敢面对错误的人才能具有好习惯。

【参考知识要点】

自我管理（self-management），是指个体对自身和自己的目标、思想、心理和行为等进行的管理，自己把自己组织起来，管理自己，约束自己，激励自己，管理自己的事务，最终实现自我奋斗目标的一个过程。

自我管理注重的是一个人的自我教导及自我约束的力量，即行为的制约是通过内控（自己）的力量，而非传统的外控（教师、家长）力量实现的。

一、角色认知

角色认知是人们对安排给他们或对其要求的工作职责的了解程度，包括以下三部分内容。

第一，准确的角色认知要求人们知道安排给他们的具体任务是什么。即要求人们知道具体的职责或者负责的后果。

第二，准确的角色认知要求人们知道不同的任务和业绩期望之间的优先顺序，包括数量和质量的困境。例如，1小时服务多少顾客（数量）与给予每位顾客多好的服务（质量）。它也指给不同的任务合理安排时间和资源，例如，一个经理一周该花多少时间训练员工。

第三，准确的角色认识要求人们知道完成任务的首选方法。这适用于有一种以上方法可以完成任务的情况。有清晰角色认知的员工知道哪种方法对组织较优。

二、时间自我管理技能

时间自我管理技能涉及人生的8大领域：健康自我管理技能、工作自我管理技能、心智自我管理技能、人际关系自我管理技能、理财自我管理技能、家庭自我管理技能、心灵思考自我管理技能及休闲自我管理技能。

有效地进行时间自我管理，首先，必须有一套明确的远期、中期、近期目标；其次，有正确的价值观和坚定的信念；第三，根据目标制定长期计划和短期计划，然后分解为年计划、月计划、周计划、日计划；第四，要有相应的日结果、月结果、年结果，以及各结果的反馈和计划的修正。这个过程实际上是一个计划（Plan）–执行（Do）–检查（Check）–处理（Act）的循环，即PDCA循环。

三、习惯自我管理技能

习惯是一种恒常而无意识的行为倾向，反复地在某种行为上产生，是心理或个性中的一种固定的倾向。

成功与失败，都源于你所养成的习惯。著名的成功学大师拿破仑·希尔说：我们每个人都受到习惯的束缚，习惯是由一再重复的思想和行为所形成的。因此，只要能够掌握思想，养成正确的习惯，我们就可以掌握自己的命运，而且每个人都可以做到。

我们每一个人都应努力培养以下习惯：工作有计划性，分清事务的轻重缓急；以工作和生活为乐，工作或生活都有激情和热情；正确面对自己的不足，并利用它来激励自己和困难做斗争；做事追求高效；强调时间管理，决不拖延；强调与同伴协作，追求双赢；强调授权并信任；时常思考。

（余　虹）

项目四　团队协作能力训练

【实训目的】

1. 掌握　团队的概念；促进团队协作的方法。

2. 熟悉　团队精神的核心。

3. 学会通过团队协作游戏的构建、任务的设置，把松散的工作小组转变成团结高效的执行团队。

【实训要求】

1. 人数　40人。

2. 场地　教室。

3. 用具　尽量多的纸杯、报纸、透明胶带、橡皮筋、12把手工剪刀。

【实训内容】

一、实训背景

某医药企业新入职一批员工，为了使他们尽快适应工作岗位，对他们进行团队协作能力培训。

二、实训步骤

（1）将学生分成8组，每组5人。

（2）向每个小组发放材料，要求在30分钟之内用这些材料建一座塔。

（3）这座塔的塔高至少50 cm，要求外观美观、结构合理、创意统一。

（4）完成之后，每个小组把塔摆放在大家面前，由教师安排，进行评比。

（5）每个小组所建的塔都要接受其他组选出的检验员的检验，以吹不倒而且最高为胜。

（6）问题讨论

1）自己的小组成员如何工作的？

2）对比自己小组的塔和其他小组的塔，然后进行客观评价。

3）就建塔过程而言，我们获得了哪些团队管理的启示？

【实训评价】

教师明确实训的目的和要求，适时指导实训，学生分组自主组织开展实训；实训结束后，进行实训交流，师生共同评价工作成果。考核内容见实训评价表。

实训评价表（小组得分表）

考核项目	考核标准	配分	实际得分
团队协作	安排、沟通有效	20分	
	分工、合作有序	20分	
塔的质量	检验合格	20分	
	外观美观，结构合理，有创意	20分	
问题讨论	能对问题提出自己的真实想法，表达清晰	20分	
合计		100分	

小组成员分工协作表（成员得分表）

成员姓名	承担的任务	任务完成情况	加减分情况	最终得分
成员1				
成员2				
成员3				
成员4				
成员5				

【参考知识要点】

一、团队的定义

团队是由员工和管理层组成的一个共同体，该共同体合理利用每一个成员的知识和技能协同工作，解决问题，达到共同的目标。

二、团队的特征

（1）共同的责任。

（2）成员之间互补。

（3）协同效应。

（4）基于共同目标承诺而产生的团队信任。

三、团队精神核心

团队精神的核心在于协同合作，强调团队合力，注重整体优势，避免个人英雄主义。

协同合作的实质是要充分利用和发挥团队所有成员的个体优势去做好这项工作，所以，只有善用团队的各种资源，才能在有限的资源下创造最佳的工作绩效。

团队合作的最大特色是团队成员在才能上应该是互补的，在共同完成目标任务时必须发挥每个人的特长，并注重在流程中发挥作用，使之产生协同效应。

四、团队协作的策略

（1）设计一种让团队成员充分发挥才华的群体活动。

（2）扩大工作的相互支持。

（3）明确资源、能力、信息的互补。

（4）建立信任、达成共识："我承认我错了""你做得非常好""你有什么建议""让我们一起做""这个方面你比我强"等。

（5）培养合作双赢的思维。

（6）打造自我管理团队。

（龚　萍）

项目五　演讲能力训练

【实训目的】

1. 掌握　演讲的技巧。

2. 熟悉　语言表达的关键因素。

3. 学会运用良好的语言表达和演讲技巧，自信的当众分享感受和表达观点。

【实训要求】

以5~6人为实训单位进行分组，抽签决定演讲主题，进行演讲训练。要求演讲内容集中，条理清楚，语言流畅，举止得体，并学会运用有效演讲的三要素和演讲的基本技巧。

【实训内容】

一、实训背景

选择一个自己最熟悉、最愿意分享的话题进行演讲。

（1）分享你快乐的童年。

（2）分享你家乡的有名小吃。

（3）分享你最难忘的一次经历。

（4）分享你最成功的一个兼职。

（5）讲一个你最佩服的人。

（6）分享你最美丽的家乡。

二、实训步骤

（1）确立小组，5~6人为一组，抽签确定演讲题目。

（2）小组成员讨论，共同撰写一份演讲稿。

（3）每组选派一名代表上台演讲。

（4）小组间互评。

（5）教师点评。

【实训评价】

教师明确实训的目的和要求，适时指导实训，学生分组自主组织开展实训；实训结束后，进行实训交流，师生共同评价工作成果。考核内容见实训评价表。

实训评价表（小组得分表）

考核项目	考核标准	配分	实际得分
演讲内容	内容充实具体，文字简练流畅	20分	
	讲稿结构严谨，构思巧妙，引人入胜	20分	
语言表达	演讲者语言规范，吐字清晰，声音洪亮	20分	
	语言技巧处理得当，语速恰当，语气、语调、音量、张弛符合思想感情的起伏变化，能熟练表达所演讲的内容	20分	
综合印象	演讲者精神饱满，能较好地运用姿态动作、手势及表情来表达对演讲稿的理解	20分	
合计		100分	

小组成员分工协作表（成员得分表）

成员姓名	承担的任务	任务完成情况	加减分情况	最终得分
成员1				
成员2				
成员3				
成员4				
成员5				

【参考知识要点】

有效演讲的三要素

演讲中，观众对于一个演讲者的印象和评价主要基于三点：语言、声音、视觉。

一、语言

演讲的内容很重要，但关键不仅仅在于说什么，而是在于你怎么说，你所传达的信息是否能被听众接受以及如何接受。因此，对于演讲者而言，在演讲中要做到以下几点。

（1）对演讲主题要有充分的热情，语言要富有情感。

（2）句子要保持简单，体现出你的自信，说明你准备充分、重视这一次演讲。

（3）尽量避免“嗯”“额”“啊”之类的结巴词，这样会让观众感觉你准备不充分，具有很差的思考力。宁可停住不说话来思考。

（4）吸引观众对你产生好感。在演讲中可以适当穿插一些佚事或小故事。

二、声音

（1）声音大一点、语速慢一些、语气长一口。

（2）节奏要有顿挫，突出重音，重点处要大声、有情感、多高调，以语气变化控制情感。

（3）声音要让人容易接受，感觉你就是在和他说话。

（4）避免以下普遍的发声问题。

1）听不见　由于发音低或不清楚，观众听不到你的陈述。

2）呆板的语调　演讲人的声音很单调，缺少语调的抑扬顿挫。

3）试探性的声调　升调，在句末时音调变得较高，会造成提问的感觉。

4）显得萎靡不振　过低的嗓音显得演讲人对要讲的话题没有把握。

5）不能赢得关注　一直讲得很快，会使演讲人和观众都不能获得间歇，可能会失去观众的注意。

（5）我们可以通过一些练习方法来克服这些问题，比如以下方法。

1）想象你没有扩音器而正在对50~100人讲话。

2）平时大声朗读来改进你的音域和语调的抑扬，通过复读机来练习，增加语调的变化。

三、视觉

美国传播学家艾伯特·梅拉比安曾对于沟通提出一个公式：沟通时信息的全部表达=7%语调+38%声音+55%肢体语言。可见，身体语言远比你实际所说的话重要，但前提是你所传达的信息要符合听众的要求。

1.面部表情　最重要的面部表情就是微笑。

2.姿势

（1）将你的双脚轻微地分开，笔直地站着，双手随时准备做手势。这是做任何演讲之前首选的基本姿势。

（2）将身体轻微地向听众倾斜。因为身体前倾表示你正积极地与听众交流，而身体向后斜表示在退却。

（3）不要靠在讲台上。

（4）不要把你的手放在臀部；不要前后摆动。

3. 手势

（1）手臂放在身体两侧，并要轻松自如。

（2）强调想法时，手部的动作要尽量放大。

（3）手势动作的范围要在腰部以上。

4. 目光交流

（1）要看每一位观众，目光交流的范围应覆盖全场。

（2）不要盯着观众的前额或头顶看。

（3）不要看天花板、地板、投影仪或白板。

5. 仪表　演讲者做到仪表整齐、清洁、利落，时刻保持自信。

（杨韵菲）

项目六　创新能力训练

【实训目的】

1. **掌握**　创新的几种常用方法。

2. **了解**　创新和创新思维的定义；创新思维的重要性。

3. 学会运用创新思维和创新方法解决学习、工作和生活中多方面的实际问题。

【实训要求】

以5~6人为实训单位进行分组，在规定时间内就教师给定的主题，采用头脑风暴法，总结并筛选出三个较优秀的结论。

【实训内容】

一、实训背景

为提高竞争力，学涯药店拟进行一次较有新意且有别于其他竞争对手的广告宣传活动，作为药店营销管理人员，请你和你的团队按照要求，用头脑风暴法来搜集想法，并确立最终所采取的三种方案。

二、实训步骤

（1）参与者分组围桌而坐，确定各小组成员角色。

（2）领导者以明确的方式向所有参与者阐明问题。

（3）在规定时间内自由地提出尽可能多的方案，并不做任何评论地将所有方案当场记录下来。

（4）主持人角色的扮演者提醒所有参与者注意规则。

规则一，不允许评价。

规则二，说出能想到的任何主意。

规则三，方案越多越好。

规则四，见解无专利。

（5）合并同类项；对问题进行排序；组合相关问题；评论认证问题可行性。

（6）各组撰写实训总结。

【实训评价】

教师明确实训目的和要求，适时指导实训，学生分组自主组织开展实训；实训结束后，进行实训交流，师生共同评价工作成果。考核内容见实训评价表。

实训评价表（小组得分表）

考核项目	考核标准	配分	实际得分
会议过程	规定时间内尽可能提出更多方案；不做任何评论地记录方案；全体成员遵守规则	20分	
	合并同类项；对问题排序；组合相关问题	30分	
	评价可行性并选择三种有效的广告宣传方案	20分	
团队协作	组内成员分工合理、团结协作	20分	
完成时间	每超过1分钟扣1分，至本项分数扣完为止	10分	
合计		100分	

小组成员分工协作表（成员得分表）

成员姓名	承担的任务	任务完成情况	加减分情况	最终得分
成员1				
成员2				
成员3				
成员4				
成员5				

【参考知识要点】

1.超序相干法 就是打破所有物质和事物的时间序、空间序及功能序的界限，通过大脑的联想和假设，把任意事物的任何元素进行相干。简单地说，就是把那些看似像风马牛不相及或水火不相容的事物通过联想、假想、超想等方式进行相干结合，使它们联系起来，从而得出无穷的创意来。现实的物质世界几乎看不到一种完全“单纯”的元素，几乎都是元素的相干组合物。从这一点上讲，整个世界的任何元素、任何结构、任何时空都是你自由联想、自由相干、自由组合的基本材料，使我们可以在联想相干中去改造世界、创造世界。

2. 拉线相干法　这是一个充满奥秘、充满矛盾的宇宙，就像一个被无数线条结成的线球。所谓“拉线看宇宙”就是从这个由无穷颜色、无穷线条、无穷相干矛盾组成的宇宙线球中任意抽出一根线或一个方向来看整个宇宙，从而认识这个世界。比如，用矛盾作线看宇宙，宇宙到处是矛盾；用阴阳线看宇宙，宇宙到处可分阴阳；用厚黑作线看宇宙，宇宙到处是厚黑；用金钱作线看宇宙，这个世界到处被金钱统治。

3. 原子弹大裂变法　是类比于原子弹爆炸过程中可裂变出无穷个中子的方法，并结合广义智能可无限放大的原理，得出一个事物或问题也可裂变出无穷层次、有新意的方法。

4. 综摄法　又称类比思考法、分合法或提喻法。它是由美国麻省理工大学教授WJ戈登于1944年提出的一种利用外物启发思考的方法。这种方法的关键是进行类比，即类比思考法。

5. V型思维法　变问题为机会。这是一种从消极向积极转折，并由此而导致新创造的思维方式。

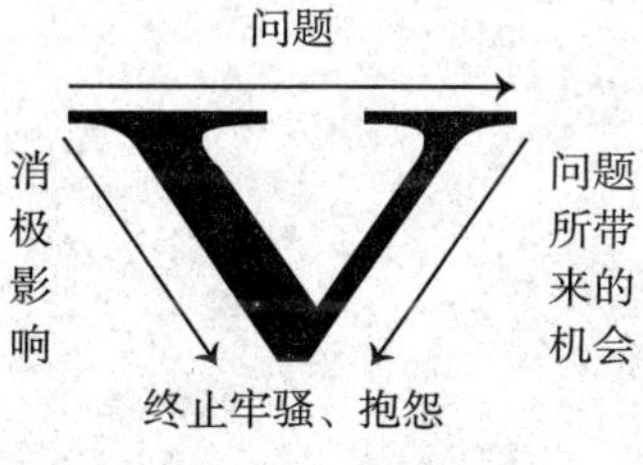

6. 头脑风暴法　韦氏国际大字典定义：一组人员通过开会的方式就某一特定问题出谋献策，群策群力，解决问题。它利用一种思想产生过程，鼓励提出任何种类的方案设计思想，同时禁止对各种方案进行任何批评。头脑风暴（Brain Storming）法是鼓励在小组中进行创造性思维开发的最常用方法。

（1）头脑风暴法的作用。

1）可想出大量的主意。

2）可列出一长串创造性解决办法，从中选出有希望的方案。

3）可克服传统思维方式所受到的限制。

（2）头脑风暴法的流程如下。

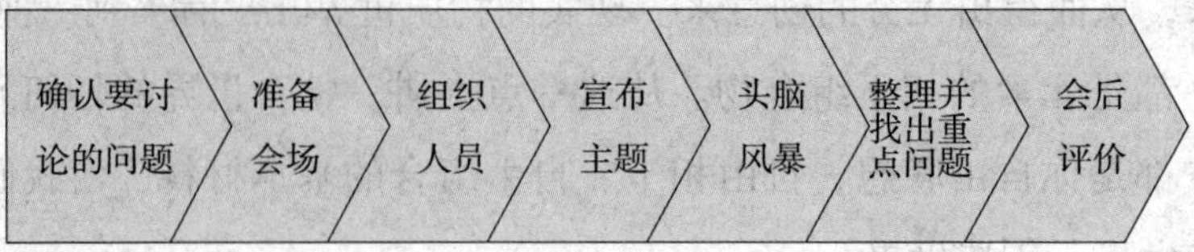

（王　韵）

| 模块二 |

社会药房服务人员营销技能模块

项目一　药品陈列综合实训

【实训目的】

1. **掌握**　药品陈列的原则。

2. **熟悉**　药品陈列的方法。

3. **了解**　药品陈列对日常的药品销售的作用。

4. 学会根据药品陈列的原则，运用各种陈列方法，完成药品分类陈列工作，为良好的药店药品销售打下基础。

【实训要求】

以5~6人为实训单位进行分组，根据《药品经营质量管理规范》（GSP）关于药品陈列的规定以及药品易见易取、丰满陈列、先进先出和关联性等原则，在规定时间内将不同种类、各种剂型的药品（包括处方药与非处方药）及非药品的空包装盒若干按照要求进行陈列，并认识到药品陈列的重要性。

【实训内容】

一、实训背景

学涯药店新进了一批医药产品，作为一名药店的店员，请你和你的团队将这批产品按照要求完成陈列工作，以便于进行下一步的销售。

二、实训步骤

（1）清洁货架、柜台。

（2）各组领取药品和非药品空包装若干。

（3）各组按照领取的包装盒讨论陈列方案并进行实操陈列。

（4）陈列完成后，其他组积极讨论，选择一名代表发言，找出该组的错误之处，并说明原因。

（5）教师点评。

（6）各组回收实训材料。

【实训评价】

教师明确实训目的和要求，适时指导实训，学生分组自主组织开展实训；实训结束后，进行实训交流，师生共同评价工作成果。考核内容见实训评价表。

实训评价表（小组得分表）

考核项目	考核标准	配分	实际得分
药品陈列	药品陈列错一个扣5分	60分	
	发现并纠正其他组陈列错误的药品，纠正一处得2分，至10分为止	10分	
团队协作	组内成员分工合理、团结协作	20分	
完成时间	每超过1分钟扣1分，至本项分数扣完为止	10分	
合计		100分	

小组成员分工协作表（成员得分表）

成员姓名	承担的任务	任务完成情况	加减分情况	最终得分
成员1				
成员2				
成员3				
成员4				
成员5				

【参考知识要点】

一、GSP关于药品陈列的相关规定

（1）按剂型、用途以及储存要求分类陈列，并设置醒目标志，类别标签字迹清晰、放置准确。

（2）药品放置于货架（柜），摆放整齐有序，避免阳光直射。

（3）处方药、非处方药分区陈列，并有处方药、非处方药专用标识。

（4）处方药不得采用开架自选的方式陈列和销售。

（5）外用药与其他药品分开摆放。

（6）拆零销售的药品集中存放于拆零专柜或者专区。

（7）第二类精神药品、毒性中药品种和罂粟壳不得陈列。

（8）冷藏药品放置在冷藏设备中，按规定对温度进行监测和记录，并保证存放温度符合要求。

（9）中药饮片柜斗谱的书写应当正名正字；装斗前应当复核，防止错斗、串斗；应当定期清斗，防止饮片生虫、发霉、变质；不同批号的饮片装斗前应当清斗并记录。

（10）经营非药品应当设置专区，与药品区域明显隔离，并有醒目标志。

二、药品陈列易见易取原则

药品在陈列时应正面面向消费者，不被其他商品挡住视线；位于货架最底层不易被看到的药品要倾斜或前进陈列；货架最上层不宜陈列过高、过重及易碎的药品等。

三、药品丰满陈列原则

药品丰满陈列，即把药品在货架上陈列得丰满些，要有量感。

四、药品先进先出原则

药品先进先出，即每次都将上架药品放在原有药品的后排或者将近效期药品放在前排，以便于销售。

五、药品关联性原则

药品关联性，即将不同种类但可以互补的药品陈列在一起或相邻。利用药品之间的互补性，使消费者在购药时产生连带性。

（余　虹）

项目二　顾客接待综合实训

【实训目的】

1. **掌握**　顾客接待的方法与技巧。

2. **熟悉**　顾客接待的原则。

3. 学会运用顾客接待技巧，以热情的态度和巧妙的语言艺术引导顾客，要满足顾客需要，完成销售任务，成功达成交易。

【实训要求】

将学生分成若干组，5~6人为一组，小组分角色模拟进行不同情景的顾客接待；使学生熟悉不同顾客的购买心理，能够有针对性地采取恰当的方法进行接待。

【实训内容】

一、实训背景

学涯药店是一家位于本市某小区，面积约为100 m^2的药店。药店每天都会迎接到各种类型的顾客，因此，要求药店服务人员能够灵活应变地接待顾客。请分别模拟顾客和药店服务人员，呈现不同顾客、不同情况的接待情形。

二、操作步骤

步骤一　按下列情景内容进行抽签，决定小组表演内容及顺序。

（1）新顾客拿不定主意。

（2）老顾客自有主张。

（3）老年顾客结伴而来。

（4）着急的顾客讲方言。

（5）交易繁忙。

（6）柜台缺货。

（7）营业员不顺心。

（8）找零钱出差错。

步骤二 角色分配，表演准备。

1.营业员。

2.顾客。

步骤三 情景表演。

要求表演者能够正确把握角色特征，将设计情景呈现出来，“营业员”根据情景状况及“顾客”的表现，通过沟通了解其需求，并运用恰当的方法进行接待。

【实训评价】

教师明确实训目的和要求，适时指导实训，学生分组自主组织开展实训；实训结束后，进行实训交流，师生共同评价工作成果。考核内容见实训评价表。

实训评价表（小组得分表）

考核项目	考核标准	配分	实际得分	备注
营业准备	营业员的表情、仪表、礼仪等符合规范	20分		
“四声”服务	迎声、答声、回声、送声	10分		
“四心”服务	热心、耐心、虚心、诚心	10分		
接待	营业员对各类顾客的接待符合要求	30分		
表演	表演逼真、生动，无夸张、做作	10分		
创意	有创意、新意	20分		
合计		100分		

小组成员分工协作表（成员得分表）

成员姓名	承担的任务	任务完成情况	加减分情况	最终得分
成员1				
成员2				
成员3				
成员4				
成员5				

【参考知识要点】

一、接待顾客的“四声”和“四心”

“四声”：顾客进店有迎声，顾客提问有答声，顾客要求有回声，顾客离店有送声。

“四心”：接待顾客热心，解答问题耐心，提取意见虚心、排忧解难诚心。

二、让顾客满意的“5S”原则

速度（speed）——物理上的速度。

微笑（smile）——健康、体贴、心灵上的宽容。

诚意（sincerity）——人与人之间不可缺的润滑剂。

机敏（smart）——敏捷、漂亮的接待方式，充分的准备及认识。

研究（study）——研究顾客心理、接待技术，研究商品知识。

三、接待顾客的语言“三要素”

注意语言艺术，掌握语言准确、规范，语气柔和、真诚，语音大小适中。

四、接待顾客的“三不计较”

顾客语言轻重不计较，顾客多挑多选不计较，顾客态度好坏不计较。

五、接待顾客的“四先四后”

先易后难，先简后繁，先急后缓，先特殊后一般。

六、接待顾客技巧

接到新顾客，注意礼貌。

接待老顾客，注重热情。

接待急顾客，注意迅速。

接待精顾客，注重耐心。

七、接待老、弱、病、残、孕顾客的原则

应主动、热情、优先接待，不能有丝毫的怠慢与歧视。

（杨韵菲）

项目三　药店营销综合实训

【实训目的】

1. 掌握　药店促销计划制定的要点。

2. 熟悉　促销活动计划制定格式。

3. 了解　什么是药店促销计划。

4. 学会将药店促销活动策划的能力运用到药店营销实践，促进本身销售量增加，获取更多商业利润。

【实训要求】

将学生分成若干组，每组5~6人，按操作步骤具体实施，以小组为单位确定一个促销主题，撰写一份主题促销活动计划；使学生熟悉并掌握药店促销策划活动的流程及关键环节。

【实训内容】

一、实训背景

学涯药店地处本市主要商圈内，面积约为100 m^2。开业近2年，虽有医保资源，但日平均销售额仅为3000元。通过加强管理、建立会员制度、确定会员日等方式，使得日均销售额达到4000元。于是拟准备进行一次以下终端市场的专题促销活动。

（1）店庆促销活动。

（2）节假日促销活动（节日由小组自选）。

（3）会员日促销活动。

（4）季节性促销活动。

二、操作步骤

（1）小组抽签，每组负责一个促销活动计划的制定。

（2）小组讨论，明确促销活动主题，并围绕主题选择适当的促销方式与内容。

（3）撰写促销活动计划，细化活动方案。

（4）根据促销活动主题及学涯药店（学校模拟药房）的实际条件设计制作POP广告牌，并在指定区域进行店堂布置，各组拍照记录。

（5）小组制作PPT进行促销方案展示汇报，小组间相互点评。

【实训评价】

教师明确实训目的和要求，适时指导实训，学生分组自主组织开展实训；实训结束后，进行实训交流，师生共同评价工作成果。考核内容见实训评价表。

实训评价表（小组得分表）

考核项目	考核标准	配分	实际得分	备注
促销计划	主题明确，设计完整、无明显缺陷	10分		
活动内容	活动内容既体现企业的目标又与消费者需求相联系；活动方法与内容具有可操作性，符合相关法规	20分		
促销计划报告	格式准确，安排合理	10分		
POP广告	广告牌制作精美，且符合促销主题	20分		
店堂布置	能够合理利用现有资源进行店堂促销布置，突出促销气氛	20分		
团队协作	组内成员分工合理、团结协作	20分		
合计		100分		

小组成员分工协作表（成员得分表）

成员姓名	承担的任务	任务完成情况	加减分情况	最终得分
成员1				
成员2				
成员3				
成员4				
成员5				

【参考实训报告】

学涯药店××主题促销计划

一、目的

二、活动的对象

三、活动时间

四、活动内容

五、促销工具

六、活动预算

七、活动实施推进表

时间	项目	负责人	要求	备注

八、店堂布置与POP广告设计

【参考知识要点】

要实施有效的药店促销，需要做好整体规划，做好促销活动计划并且在细节上落实好促销活动，这样才能达到有效地促销目的，以此提升药店的销售业绩和经营水平。

一、确定促销目的

药店应根据药品的消费特点及属性明确促销目的，不能简单地为了卖药品而促销，而应通过一种特殊的营销方式，加强药店与顾客之间的沟通互动，提高药店的药品销售量。

二、选择促销时机

促销时机的选择应根据促销目的的不同而有所差异，这样才会初显效果。促销的目的，一是打击竞争对手。促销时机多定为对方新店开业、周年庆等“非节日营销”。这种即时促销时机，药店必须准确掌握对手促销活动时间、促销方式等信息，这样才能做到“知己知彼，百战百胜”。二是消化库存。促销时机多选择双休日或夏季的晚间，因此时客流量比较大，且消费时间集中。三是烘托节假日的营销气氛。促销时机主要针对各大节假日进行，满足顾客在节假日的消费特点和心理，同时让顾客感受到喜庆热闹的气氛。

三、加强促销造势

药店搞促销不只是为了追求销售高峰，还要追求人气的凝聚。门店可在活动前期通过各种方式加以宣传，比如手绘POP广告牌、拉条幅、组织员工发放宣传彩页等，向顾客渗透本次促销活动的主题，以达到理想的促销效果。

四、把握促销主题

具有吸引力的促销主题不但可以贯穿整个促销活动的始末，还可对活动内容起到升华的作用。药店要充分了解顾客的购药需求，挖掘出最能吸引顾客购买的促销主题，并以此为整个活动的推广核心，与顾客形成良好的互动氛围。

五、注意促销事项

促销活动并不是简单的药品买赠，若药店店长在促销前期、中期能重视以下促销细节，就会达到事半功倍的效果。

（1）促销活动前店长要领悟该次促销活动的主旨。

（2）促销活动前店长要做好活动部署。

（3）促销活动进行中店长要密切注意活动的实施。

（4）促销活动结束后店长要善于总结，以指导下一次促销活动。

（杨韵菲）

项目四　社会药房工作人员培训综合实训

【实训目的】

1. 掌握　社会药房工作人员培训方案撰写的方法。

2. 熟悉　营业员的专业知识培训和技能培训的主要内容；培训效果评价方法。

3. 了解　社会药房工作人员培训的重要性。

4. 能够根据药店发展情况，设计科学合理的员工培训方案，选择恰当的培训内容与合适的培训方法开展员工培训，并对培训效果进行有效评价。

【实训要求】

将学生分成若干组，每组5~6人，选择恰当的方式方法开展培训，并对培训效果进行有效评价；使学生通过回顾培训方案撰写的基本方法，结合实训案例内容撰写培训方案。

【实训内容】

一、实训背景

学涯药店年初拟定了一份员工培训计划提纲，如下表。

员工培训计划提纲

编号	培训内容
1	药品从业人员基本职业道德
2	GSP基本知识
3	抗生素基本知识及滥用危害
4	药品分类管理的有关规定
5	药品储存与养护
6	保健食品常识
7	医疗器械法规
8	服务与销售

请你和你的团队选定一项培训内容，拟定培训方案，对员工开展培训。

二、实训步骤

（1）分组，选定培训内容。

（2）根据培训内容，小组成员撰写一份培训方案。

（3）模拟实施员工培训。

（4）小组进行培训总结，提交培训总结报告一份。

【实训评价】

教师明确实训目的和要求，适时指导实训，学生分组自主组织开展实训；实训结束后，进行实训交流，师生共同评价工作成果。考核内容见实训评价表。

实训评价表（小组得分表）

考核项目	考核标准	配分	实际得分
培训方案	培训方案包含的基本内容完整	30分	
	围绕培训内容，培训选择合适的方式方法	20分	
模拟培训	在规定的时间能展开培训，把培训要点和注意事项阐述清楚	20分	
培训总结	能设计培训效果的评价方式，对培训效果进行客观总结	20分	
团队协作	小组合理分工，协作完成任务	10分	
合计			

小组成员分工协作表（成员得分表）

成员姓名	承担的任务	任务完成情况	加减分情况	最终得分
成员1				
成员2				
成员3				
成员4				
成员5				

【参考知识要点】

一、培训方案的撰写

培训方案是对员工培训这个事件的一个综合性计划，包括培训目标、政策、程序、规则、任务分配、要采取的步骤、要使用的资源以及为完成既定行动方针所需要的其他因素。一般来说，培训方案的撰写包括以下七个方面，即“5W2H”。

What——做什么？

Why——为什么做？

Who——谁去做？

Where——何地做？

When——何时做？

How to do——怎样做？

How much——用多少钱？

二、药店员工培训的方法

（一）直接传授型培训法

直接传授型培训法适用于知识类培训，包括讲授法、专题讲座法和研讨法等。

1.讲授法　是指教师按照准备好的讲稿，系统地向受训者传授知识的方法。它是最基本的培训方法，适用于各类学员对学科知识、前沿理论的系统了解，主要包括灌输式讲授、启发式讲授、画龙点睛式讲授三种方式。讲课教师水平是影响讲授法效果的关键因素。讲授法的优点：传授内容多，知识比较系统、全面，有利于大面积培养人才；对培训环境要求不高；有利于教师的发挥；学员可利用教室环境相互沟通，也能够向教师请教疑难问题；平均培训费用较低。讲授法的局限性：传授内容多，学员难以完全消化、吸收；单向传授不利于教学双方互动；不能满足学员的个性需求；教师水平直接影响培训效果，容易导致理论与实践相脱节；传授方式较为单一枯燥。

2.专题讲座法　形式上和课堂教学法基本相同，但在内容上有所差异。课堂教学一般是系统知识的传授，每节课涉及一个专题，接连多次授课；专题讲座是针对某一个专题知识，一般只安排一次培训。这种培训方法适合于管理人员或技术人员了解专业技术发展方向或当前热点问题等。专题讲座法的优点：培训不占用大量的时间，形式比较灵活；可随时满足员工某一方面的培训需求；讲授内容集中于某一专题，受训者易于加深理解。专题讲座法的局限性：讲座中传授的知识相对集中，内容可能不具备较好的系统性。

3.研讨法　是指在教师引导下，学员围绕某一个或几个主题进行交流、相互启发的培训方法。

（二）实践型培训法

实践型培训法是通过让学员在实际工作岗位或真实的工作环境中，亲身操作、体验，掌握工作所需的知识和技能的培训方法。适用于难以掌握的技能和从事具体岗位所应具备的能力、技能和管理实务类培训。实践法优点：一是经济，受训者边学边练，无须准备教室及培训设施；二是实用、有效，受训者通过实干来学习，使培训内容与从事的工作紧密结合，受训者在实践中，能得到关于他们工作行为的反馈和评价。实践法常用方式：工作指导法、工作轮换法、特别任务法。

1. 工作指导法 又称教练法、实习法，是指由一位有经验的工人或直接主管人员在工作岗位上对受训者进行培训的方法。

2. 工作轮换法 指让受训者在预定时期内变换工作岗位，使其获得不同岗位工作经验的培训方法。

3. 特别任务 法指企业通过为某些员工分派特别任务对其进行培训的方法，常用于管理培训。

（三）参与型培训法

参与型培训法是调动培训对象积极性，让其在与培训者互动过程中学习的方法。参加型培训法主要形式：自学、案例研究法等。

1. 自学 适用于知识、技能、观念、思维、心态等多方面学习。

（1）自学优点 ①费用低；②不影响工作；③学习者自主性强；④可体现学习的个别差异；⑤有利于培养员工的自学能力。

（2）自学缺点 ①学习的内容受到限制；②效果可能存在很大差异；③学习中遇到疑问和难题往往得不到解答；④容易使自学者感到单调乏味。

2. 案例研究法 是一种信息双向性交流的培训方式，将知识传授和能力提高融合到一起，可分为案例分析法、事件处理法两种。

（1）案例分析法 又称个案分析法，是围绕一定的培训目的，把实际中真实的场景加以典型化处理，形成供学员思考、分析和决断的案例，通过独立研究和相互讨论的方式，提高学员分析及解决问题的能力的一种培训方法。

（2）事件处理法 指让学员自行收集亲身经历的案例，将这些案例作为个案，利用案例研究法进行分析讨论，并用讨论结果来警戒日常工作中可能出现的问题。

（杨韵菲）

项目五　社会药房人员工作案例讨论与分析

【案例一】

微笑迎人，热情招呼："您好，请问需要什么帮助吗？"

【点评】导购的五部曲：①有哪些不舒服症状？②是您自己吗？③吃过哪些药物，看过医生吗？④介绍购买药物的用法用量及注意事项、疗程、过敏史。⑤买单完，若有其他需要可电话咨询。

【案例二】

一位穿西装、系领带的年轻人慢步进入药店，一会儿停下来看看柜台内的药品，一会儿又抬起头好像在考虑什么。店员走到他身边招呼道："您好，请问您需要点什么？"那位顾客不答话，快步离开了这个柜台。走了没几步，他又停在保健品柜台前，开始翻看促销宣传单。店员见状，又急忙走过来问："是要买保健品吗？"话没说完，顾客扔下一句"随便看看"就快步走了。店员被甩在那里，嘴里嘟囔着："又是一个只看不买的"。

【失误之处】过于急迫，没有仔细观察和思考。

【案例分析】以上场景我们经常在门店里见到，如果顾客走进店内，店员急躁地上前询问易导致上述后果。在第一次与顾客打完招呼后，就应该观察顾客的反应，很显然该顾客属于沉默型或极有主见型顾客，甚至有可能是自己的竞争对手过来探听价格的。最好的办法是在打完招呼后先观察，让顾客在轻松自由的气氛下随意浏览，也给自己一些时间进行观察和思考，以了解顾客的真实目的，然后再进行相应的处理。只有在顾客对某个药品表露出感兴趣或中意的神情时进行接触，并适当地提供适宜的讲解和咨询服务，才可促进交易的达成。

【建议】

1.与顾客打完招呼后观察顾客的反应，发掘顾客的目的并注意保持与顾客之间的距离，避免过近接触造成顾客心理的警惕感，过度的热情易让顾客误认为店员功利心太重。

2.顾客走进店内，这就表示他有购买的欲望或对某种药品感兴趣，至少有购买的潜在可能。虽然他这次空手而去，但良好得体的服务将是吸引他下次进店购买的保障。所以建议店员应该愉快地送顾客出门并道："谢谢您的光临"。

【案例三】

一位顾客正在挑选一种补钙产品。店员介绍说："这种产品效果好，价格也比同类其他产品便宜"。顾客回答说："我以前吃过这种药，效果是不错。我听说你们最近在做活动，买两盒送一小盒赠品"。店员扭头大声询问柜台内的同事："现在××产品还有没有赠品送，这里有个想要赠品的顾客"。店内所有的人都把目光投向了这个顾客，这位顾客还没等店员的答复就逃似地离开了药店。

【失误之处】忽视细节，更没有替顾客着想。

【案例分析】以上例子中的顾客可能就是冲着赠品来的，但由于"面子"问题不愿让其他人知道。该店员一句"无心之言"将顾客的本意"公布于众"，结果可想而知。像这样的例子还有很多，例如购买安全套、治疗性病产品等的顾客都会有一定的心理因素，而这些因素又往往会影响顾客的购买。

【建议】要时刻将自己放在顾客的位置上，处处为顾客考虑并巧妙地帮助顾客解决问题。顾客虽可能暂时未表示感谢，但在心里已经对你感激万分。

【案例四】

顾客A和B结伴来到店内，顾客A为选择一种减肥产品而拿不定主意，邀请顾客B当参谋。顾客A："到底哪种好呢，我觉得甲产品好一些，价格也可以"。顾客B："还是乙产品好一些，我们公司的同事都说效果不错"。店员极力推荐丙产品："我们店内丙产品卖得最好了，甲和乙虽然广告比较多，但效果却不如丙，买东西不能光看广告……"。顾客B打断店员的话："那我们再看看其他地方的"。说完拉着顾客A出门了。

【失误之处】造成"三国鼎立"的局面。

【案例分析】

1.遇到结伴同行的顾客，购买者的同伴往往会提出自己的意见，而这些意见在很多时候对购买者起着决定性的影响，所以聪明的店员应该学会将同伴中起决定性作用的一位拉进自己的战线中，而不是另行推荐，形成"三国鼎立"的局面。

2.在服务过程中，不要轻易否定顾客的意见（顾客错误的用药观念除外），特别是在推荐过程中，否定顾客自己看中的药品无形中就等于否定了顾客的眼光，该案例中的店员无形中就告诉顾客：你们的选择是错误的，你们的眼光有问题。

【建议】拉拢到同盟；不是“原则”的问题不要轻易否定顾客的观点。你可以表达更好的参考意见，如：“您选的这个产品不错，但另一种更适合您……”等。

【案例五】

小刘是某医药行业研究机构的年轻数据分析师，统计学专业本科毕业后加入某研究机构，立志在数据分析领域有所作为。在工作过程中，小刘早已熟悉药店惯有的“品牌拦截、高毛推荐”等工作流程，经常自吹有了在研究机构的工作经验，以后去药店买药不会被“忽悠”。

某天，小刘病倒了，感冒来势汹汹，日常活泼好动的小刘全身酸痛乏力、鼻塞、咳嗽，而且还流着清鼻涕，可谓苦不堪言。趁着中午休息，小刘带着一身的疲惫来到了药店。

一、A药店：缺少品牌药

小刘进入A药店指明购买“感康”，店员生硬地回复“没有”后转身离开，把可怜的小刘晾在一边。这让小刘异常气愤，鉴于身体状况无力发怒，只好转身离开，心里还哀怨地感叹着：“这么大的药店居然没有‘感康’，唉……”

【点评】药店缺少品牌药是一方面，而店员缺少对顾客的关注才是整个过程的关键。作为药店一线工作人员，遇到这种情况可以询问顾客的症状。虽然没有顾客想要的产品，但可以通过聊天了解顾客的状态，推荐用药。而A药店中的工作人员采用了最差的处理方式“调头就走”，对顾客不管不顾。

二、B药店：拦截伤客

小刘走进B药店同样指明购买“感康”，店员直接告诉小刘：“小伙子，你选的感康是大厂家的产品，价格贵，不如购买某厂家感冒解毒灵颗粒，效果一样，价格差不多。”小刘用“慧眼”识别出这是一个“高毛产品”。

刚要与店员沟通，店员便如数家珍般地进行了推荐：“小伙子，看你咳嗽这么严重，还得买一个某厂家的XX止咳露，止咳效果好。你感冒免疫力肯定下降了，再买个某厂家的维生素C吧，效果特别好，你看我们这儿正好搞活动，购买维生素C还赠送口罩呢。现在雾霾、禽流感严重，你又感冒了，口罩用得上。”

原本聪明的小刘不知是感冒的原因，还是店员太能说会道，迷迷糊糊地交了钱。五天过去了，小刘的感冒不但没好转反而加重了。平常一天两场数据分析小刘都会思如泉涌，现在的他看到数据就感觉满眼金星。周围的同事知道缘由后笑话小刘也被店员“忽悠”了。小刘这次真的生气了，后果很严重……

【点评】店员拦截顾客指名购买产品，并强行替换销售，虽然产生了销售，但得不偿失。在这里，小刘虽然接受了店员的推荐，但是病症没有得到治愈，以后自然不会进入B药店了。替换销售能否成功，关键是要对症用药，需要药到病除，否则只会造成“伤客”的结果。

三、C药店：专业推荐，良好口碑

小刘吸取了前两次购药的经历，信心满满地走进了C药店，“抗忽悠免疫指数”瞬间上升。一进门，店员就微笑着迎上前询问：“有什么可以帮助您的？”当小刘回复自己感冒了，想购买“感康”的时候，店员主动询问他的症状后径直走到柜台取出递给他，并亲切地询问：“你感冒多久了，服用过哪些药？”

小刘告诉店员B药店推荐的药品后，该店员微微皱了眉头：“根据你描述的鼻塞、流清涕、咳嗽、全身酸痛乏力等症状是风寒感冒，但你吃的这种止咳露主要治疗风热咳嗽。”

小刘听到后瞬间崩溃，难怪吃了五天药，感冒却没好。热情的店员看出小刘的不安：“小伙子，别着急，你年轻力壮，只要正确用药，感冒会好的。你买的感康是缓解感冒症状的，再加一个治疗风寒咳嗽的止咳糖浆吧。你之前买的维生素C如果家里还有就先别买了，吃完再买吧。这几天一定要多喝水、多休息，有助于缓解感冒。如果服用3天后没有好转你一定要到医院去检查，可别耽误了。”

店员耐心、热情、专业的购药指导让小刘心中瞬间涌起一股暖流。

【点评】在C药店，店员并未拦截，而是主动询问顾客用药史，关心顾客。推荐用药时，中西医结合，标本兼治。既能考虑到对症下药缓解顾客感冒症状，又中肯建议顾客应该提升抵抗力。最后，顾客小刘购买了“感康”，还接受了“关联销售”的推荐。可见，药店店员的扎实专业素养，会得到顾客信赖并由此产生良好的口碑。

【案例六】

药店来了一位30岁左右的妇女，进门直接奔向儿童药品货架，拿了一盒小儿氨酚黄那敏颗粒，然后问店员：“抗生素柜台在哪里？”开放式柜台的店员引导顾客来到抗生素柜台，顾客指着柜台上的头孢克洛颗粒说："请给我拿一盒头孢克洛颗粒吧。"（很多的药房店员卖药到这一步就停止了，马上将产品拿给顾客。检讨一下你的药房是否是这样吗，如果是这样建议你的药房向下面药房学习，帮助顾客专业选择。）

这时处方柜台的值班药师问道："请问您给老人还是小孩吃？"

妇女回答道："给我的孩子吃。"

药师继续问道："您的孩子多大了？"

妇女回答道："还不到1岁，上次医生开的就是头孢克洛颗粒，所以这次我也拿这个。"

药师继续问道："你的孩子感冒几天了，开始咳嗽了吗？"

妇女非常急地说："我的孩子感冒2天了，昨天开始咳嗽了。"

药师继续问道："你的孩子多长时间感冒一次。"

妇女回答道："6个月断奶后，经常感冒。"

药师说："小孩断奶太早，而免疫系统又没有太完善，因此经常感冒，最好配点牛初乳吃，一会儿你可以去保健品柜台拿2瓶。另外，不到一岁的孩子服药一定要用"更安全且对小孩没有肝肾损伤"的产品。你看，这个"顶克"头孢克洛干混剂是头孢克洛颗粒的升级产品，而且是中英文包装，到我们店的老外都选择"顶克"这个品牌，更加安全、疗效也更好。另外，孩子已经开始咳嗽，可以再买一盒小儿化痰止咳颗粒。"

妇女重复了一句："真的副作用更小？"

药师坚定地回答："是这样的，你可以放心，另外，告诉你一个购药常识，联合用药最好用一个厂系的，我们店内小儿氨酚黄那敏颗粒也有"顶克"牌的。"

妇女高兴地说："哦，那我马上换一盒，谢谢，谢谢。"

最后药店成交一盒"顶克"头孢克洛干混剂、一盒"顶克"小儿氨酚黄那敏颗粒、一盒"顶克"小儿化痰止咳颗粒及2瓶牛初乳。

【点评】这是一个非常成功的案例。因为90%左右的儿童感冒都会伴随咳嗽，而且最重要的是，药师在推荐药品的时候抓住了儿童药品市场最大的卖点：安全、毒副反应小，这是所有父母给孩子买药最为关心的，而非价格。

（余　虹）

| 模块三 |

OTC 代表营销技能模块

项目一　药店拜访综合实训

【实训目的】

1. 掌握　零售药店OTC客户拜访的7个步骤。

2. 熟悉　药店拜访计划的制定和实施技巧。

3. 学会运用药店拜访七步骤完成实际药物的药店终端市场推广任务。

【实训要求】

将学生分成若干组，每组5~6人，按操作步骤具体实施；根据现有条件、给定资料进行分析，按照要求完成综合实训。使学生认识到零售药店终端市场开发的重要性，熟悉OTC营销的常用实战技巧，掌握零售开发、客户拜访的步骤的实际操作技能，提高学生OTC营销人员综合素质。

【实训内容】

一、实训背景

某制药公司是一家以生产抗过敏药品为主的企业，其中××药品（可自行确定一种药品）的销售网络已经遍及全国许多城市，为了增加产品市场知名度以及市场占有率，企业十分重视对药店终端的开发工作。目前，公司销售网络还未覆盖到西南地区的一些城市，对未覆盖市场尤其是医药终端进行有序开发是公司进行市场开拓的重要策略。通过前期调研，公司已经掌握未覆盖市场医院终端的市场规模，以及现有产品与竞争产品的市场情况，为该公司有计划、有目的地实施市场开发战略奠定了基础。

接下来需要的工作就是根据市场部提供的调研信息，制定西南某城市某区20家药店的开发计划，并以其中某一家药店营销工作为试点，进行包括重点客户拜访、药店开发、展示OTC营销在内的综合实训。

二、操作步骤

第一步：访前准备

准确判断未覆盖市场的药店市场规模、现有产品与竞争产品在该药店的情况，店长、坐堂医生及门店其他基本信息，制定行程路线及时间安排，为制定有效决策提供信息支持。

确定你将要拜访的药店，结合1~2家药店工作的实际状况，以小组为单位，列出并模拟展示你要做的访前资料准备，并具体写出作为门店的OTC营销代表将要向客户推介的产品卖点。

第二步：破冰行动

思考在拜访药店时，你如何破冰？以OTC代表的角色扮演，设计初次拜访药店的常用场景。

第三步：店情查看

仔细考察所拜访药店的内外部情况。

第四步：库存检查

填写库存检查的表格。

第五步：陈列改善

找出目前拜访的药店在陈列中的问题，提出陈列改善建议，并写明原因。

第六步：店员培训

以公司××药品为培训产品，拟定一个培训目的，模拟进行一次店员产品培训推介会。

第七步：药店拜访之总结和记录

完成整个药店拜访总结及建议，汇报PPT。

【实训评价】

教师明确实训目的和要求，适时指导实训，学生分组自主组织开展实训；实训结束后，进行实训交流，师生共同评价工作成果。考核内容见实训评价表。

实训评价总表（小组得分表）

小组或项目名称：

考核项目	考核性质	配分	实际得分	备注
任务1	访前准备	10分		
任务2	破冰行动模拟表演	30分		
任务3	库存检查	20分		
任务4	店员培训模拟	20分		
任务5	拜访总结与建议	20分		
合计		100分		

任务1　访前准备实训评分标准

考核项目	考核点	配分	实际得分	备注
OTC代表个人资料	名片，走访地图	5分		
拜访客户资料	走访地图，客户资料卡，每日拜访记录卡（自行设计）	10分		
产品资料	工作所需的宣传资料、产品样品和产品报价单（经销商给终端的）、终端订单，宣传单，药店药品进、销、存表	10分		
销售促进资料	小礼品，销售关键人物信息资料	5分		
产品卖点阐述	可行性与吸引性	10分		
合计		40分		

任务2　破冰行动模拟表演实训评分标准

考核项目	考核点	配分	实际得分	备注
职业形象	穿着、动作、声音、距离、交换名片等	10分		
个性化服务水平	明辨身份，找准对象，投其所好，群分类聚	10分		
开场白	开门见山，直述来意，突出自我，赢得注目	10分		
产品推介1	宣传优势，诱之以利，晓之以理，动之以情	10分		
产品推介2	处理异议	10分		
团队合作	团队角色扮演的切合度、协作度	10分		
合计		60分		

任务3　库存检查场景模拟实训评分标准

考核项目	考核点	配分	实际得分	备注
检查哪里	柜台、货架、抽屉、仓库	5分		
如何检查	清点、销售卡片、电脑查询	5分		
检查重点	清点货架上和库存的产品，检查库存周转和库存水平，检查并记录产品每月进、销、存准确数字，检查并记录产品进货渠道、进货时间及产品有效期	5分		
表格制作水平	表格制作的清晰度与准确度	5分		
与药店工作人员沟通	与店员进行良性沟通，不但能通过交流了解产品销售情况，准备好库存，同时也为进一步销售提出可行性的方案与建议，并可见机推荐其他系列产品	20分		
合计		40分		

任务4　店员培训模拟实训评分标准

考核项目	考核点	配分	实际得分	备注
产品介绍内容	产品较重要的若干卖点，正确使用方法，适用人群及针对症状，与竞争品牌的比较可能出现的副作用并解释	6分		
介绍效果评价	通俗易懂，具有感染力	8分		
店员销售技巧培训	据消费者的不同特点，总结提炼出能打动消费者的话术与案例分享；消费者投诉处理办法分享	6分		
店员培训促进手段	有奖问答、有奖竞猜等	5分		
团队合作	团队角色扮演的切合度、协作度	5分		
合计		30分		

任务5　药店拜访总结与建议实训评分标准

考核项目	考核点	配分	实际得分	备注
文字表达能力	能够用准确、流畅、生动、简洁的文字，有针对性地提出思想，表明见解	10分		
客户拜访回顾	真实、真诚地再现并回顾本次本店客户拜访的优势与劣势	10分		
客户拜访建议	提出改进自身工作方式的建议	10分		
合计		30分		

小组成员分工协作表(成员得分表)

成员姓名	承担的任务	任务完成情况	加减分情况	最终得分
成员1				
成员2				
成员3				
成员4				
成员5				

【参考资料】

一、相关资料准备表格

药店客户拜访线路进程表

	单体药店	连锁药店
药店名称		
周一		
周二		
周三		
周四		
周五		

零售药店资料档案表

填表人		拜访时间	
店名		店址	
电话		行政区域	
药店性质	单体(　　)　连锁(　　)		
所处位置	街边(　　)　超市(　　)　小区周边(　　)　医院附近(　　)		
负责人		采购负责人	
促销店员		柜组长	
主要进货渠道			
竞争产品			
我公司产品销售现状			
药店对我公司产品评价			
顾客对我公司产品评价			

续表

抗过敏药平均月销售额	
主要进货渠道	
竞争产品	
我公司产品销售现状	
药店对我公司产品评价	
顾客对我公司产品评价	

二、参考理论知识

（一）拜访七步曲

第一步：访前准备

准确判断未覆盖市场的药店市场规模、现有产品与竞争产品在该药店的情况，店长、坐堂医生及门店其他基本信息，制定行程路线及时间安排，为制定有效决策提供信息支持。

第二步：破冰行动

1.开门见山，直述来意。

一进店堂，就向对方介绍自己是某药品生产厂家的OTC代表，并将此次拜访的目的向对方说明，比如，是来谈铺货事宜或来查销量，需要药店提供哪些方面的配合和支持等。表明你合作的诚意。避免药店工作人员将你当成一名寻常的消费者，热情服务后才知不是，会有一种强烈的被欺骗的感觉，会产生反感情绪。

2.突出自我，赢得注目。

（1）每次去药店时，给相关人员发放一张名片。将名片发放一次、二次或更多次，直至药店工作人员记住你的名字和你正在负责的药品名称为止。

（2）发放宣传资料，在显眼处写出自己的姓名、联系电话，并以不同色彩的笔迹标出，对药店工作人员强调：只要您拨打这个电话，“这个人”随时都可以为您服务。

（3）通过广告效应引起关注。

3.投其所好，群分类聚。

4.明辨身份，找准对象。

要处理好我们平时所强调的“握手”与“拥抱”的关系，搞清谁是药店经理、柜长、财务主管、一般营业员、厂家促销员。不同事宜找不同职位（职务）的人。

5.宣传优势，诱之以利。

以较强的介绍技巧，将公司品种齐全、价格适中、服务周到、质量可靠、经营规范等优点以及能给药店带来的利益进行展示，优势宣传时可以采取F（特色、卖点）B（利益）I（冲击、诱导）原则。

6.以点带面，各个击破。

找准重点突破对象。

7.四勤一体，适时跟进。

我们每天多拜访一家药店，每家药店多去一次，勤走、勤看、勤听、勤聊。看产品的陈列包装，有无缺货现象；听药店的要求、建议和市场反馈信息，把后续工作做细做好。

第三步：店情查看

1.店外大环境。

2.店内小环境。

3.自己公司的产品。

（1）位置，陈列面。

（2）维护现有的陈列，寻找新的推广机会。

（3）价格——检查产品标价是否正确。

（4）隐性销售——保证库存产品均能上架。

（5）货架，陈列架，POP广告牌等设备。

（6）店内外广告及陈列材料的布置情况。

（7）促销活动的执行情况。

（8）店员对产品的反馈，患者的意见。

4.竞争产品。

（1）主要竞争品牌品种、价格、规格等。

（2）主要竞争产品的销售情况、动向、销售策略和促销活动。

（3）主要竞争产品促销活动的执行情况。

（4）店员和消费者对主要竞争产品的评价。

（5）竞争品牌产品的位置。

（6）店内外广告及陈列材料的布置情况。

（7）收集主要竞争对手的促销品。

第四步：库存检查

1.检查哪里　柜台、货架、抽屉、仓库。

2.检查什么　数量、有效期、进货渠道、进货时间。

3.如何检查　清点、销售卡片、电脑查询。

4.检查重点内容如下。

（1）清点货架上和库存的产品。

（2）检查库存周转——保证正常周转，避免产品过期。

（3）库存水平——保证货源充足。

（4）确保促销期间有充足的库存。

（5）在客户记录卡上填写信息。

（6）检查主要产品每月进、销、存的准确数字。

（7）检查主要产品的进货渠道。

（8）检查进货时间。

第五步：陈列改善

1.获得客户的同意。

2.明确改善方法。

（1）选择药店内最佳的销售位置，争取显眼的位置。

（2）维持陈列的数量，陈列面重新设计。

（3）争取更大的陈列布置空间。

（4）张贴和摆放POP广告牌或空盒，重视产品宣传品的摆放。

（5）产品有效期的轮转。

（6）保持公司产品陈列架的清洁。

（7）清晰的价格标签及正确的内容。

（8）陈列标准是所有产品的中文标识必须向外。

第六步：店员培训

在培训内容上，除了介绍产品和相关医学知识外，也可以准备一些与药店服务有关的内容。如：怎样让进店的顾客都有所消费；怎样增强店员推荐的信服力；怎样布置柜台上的产品陈列等。若有可能，开会之前将这些内容与部分店员事先沟通，明白他们的需求，以便取得良好效果。同时与药店经理沟通，以得到他们的支持，从而体现我们与药店的伙伴关系。

第七步：药店拜访总结和记录

（二）如何与客户建立良好关系

（1）建立自己的良好职业形象，穿着、动作、声音、距离、交换名片等。

（2）按照客户喜欢的方式（语言、身体语言）对待客户。

（3）时刻微笑，及时问好、道谢和赞美。

（4）记住客户的名字——可记录在客户档案卡上。

（5）运用含糊其词法。

（6）利用小赠品赢得客户的好感。

（7）个性化服务是赢得良好关系的重要手段。

（三）如何进行店员培训

在会议活动中，为能调动店员参与的积极性，建议在形式上采取一些活跃气氛的手法。如有奖问答、有奖竞猜等。尤其是产品介绍前，先告知参会店员，以便他们能注意听讲。介绍完后，立即挑出你推介产品最强的卖点、最能打动顾客的说法等方面来提问，答对者当场发奖。总之，把整个会议举办得热热闹闹，才能吸引店员参与的兴趣，也才能让店员记住你推介产品的卖点，以便向消费者介绍。

1.培训内容

（1）公司介绍。

（2）相关的医学常识。

（3）产品介绍。

（4）公司介绍。

（5）相关的医学常识。

（6）产品介绍。

1）产品较重要的若干卖点（三个即可）。

2）消费者常问的问题及回答方式（需事先调研）。

3）与竞争品牌的比较（尤其是优于竞争品牌的特性）。

4）产品的正确使用方法（非常重要）。

5）产品的适用人群、针对症状（很重要）。

6）产品可能出现的副作用并解释（要通俗易懂）。

7）培训对象提问。

8）检查掌握情况并适当奖励。

9）增强终端人员对产品和公司的信心。从产品优势、公司实力、广告投入等方面入手，让参会人员充分感受到产品和公司的前景。

1）话术：根据消费者的不同特点，总结提炼出能打动消费者的话术。

2）终端拦截：有技巧地说服竞争产品的消费者购买我公司产品。

（10）演示真实的销售案例及终端拦截案例。

（11）解答消费者所经常提出的问题。

（12）分享消费投诉处理办法。

2.培训形式

（1）书面培训　应注意方式、方法，最好结合小礼品赠送进行。

（2）座谈会或联谊会培训　现场布置温馨、舒适，有礼品赠送，可安排抽奖和聚餐活动。

（3）口头培训　切莫以老师的姿态出现，极易引起营业员的反感，应以建议式的方式进行讲解，这样更容易被促销员（店员）接受。

（张晋之）

项目二　OTC代表工作案例讨论与分析

【案例一】

如何说开场白

一个很好的开场白，能够更好更快地促成合作，那么，我们在拜访药店店员时，怎么说好开场白呢？

1. 好奇

“你好，咱们店好像今天进了不少新药，不是我看错了吧！”

“你好，你们中午能按时吃饭吗？经常吃凉皮或麻辣烫不行，对胃不好！中午下班我请你吃饭吧。”

2. 寒暄

主要以天气、环境为主题来开场。

“你好，今天天气还真不错，估计今天来买药的人应该多一些。”

“你好，咱们店环境很不错，让人很舒服，回头客应该不少。”

3. 赞美

“你好，你今天气色很好，年轻就是好啊！”

“你好，这个货架摆得不错，是您在负责吧？”

4. 攀认

“你好，听您口音您的老家不在这吧。我说呢，我家一个亲戚就在你们那安家落户了，过得挺好的。”

“你好，您在哪上的中学。这所中学还不错，我的一位朋友跟您还是校友。”

5. 关心

“你好，今天有点冷，要穿厚点，预防感冒。”

“你好，你们站一上午挺累的，回家要常用热水泡泡脚，解乏快，不容易得静脉曲张。”

“你好，我发现你们的工作也不容易，如果是我一直是站着，还很有耐心地招待顾客，有点难度。”

6.推荐

“你好，你们最近挺忙的？喜欢看电影吧，最近的新电影《速度与激情》看了吗？”

“你好，昨晚‘中国好声音’看了吗？有几位选手唱得好不错。”

7.请求

“你好，我这几天快累晕了，看见你们，心情好多了，最近还要请您多推荐，回头请您吃大餐。”。

【点评】好的开场白能快速拉近与客户的距离，使客户对自己有一个较好的第一印象。开场白我们尽量选择不突兀的话题，这需要OTC代表在日常生活中不断总结经验，在彼此都是陌生人的情况下，如何选择聊天内容很重要，并且这个初始的内容最好能在后期发展为你想要与客户真正讨论的内容。

【案例二】

如何“跑店”聊天

OTC代表平时“跑店”该和店员聊些什么来加深印象，增强感情。如何把和客户之间的交流融合在流程化的拜访之中，解决拜访中的形式和尴尬？

1.见缝插针，投其所好

首先，注意倾听。注意他们聊的话题，如果不懂，就微笑倾听；如果懂，就参与其中。

其次，我们要利用“同理心”来制造聊天的话题，拉近和客户距离。可以通过以下内容进行体会。

（1）同姓　同姓有缘啊，五百年前是一家啊。

（2）同学或校友　可以聊聊学校里的那些事。

（3）同乡　老乡见老乡，两眼泪汪汪，再加上几句乡音，这乡情立马就出来了。

（4）同经历　如果店员在讨论学车的话题，觉得学车难。碰巧，你刚考取驾驶证，有学车的经验，你就可以像老师傅一样教他们一些技巧，也可以聊学车过程中有趣或辛酸的事情，大多数人喜欢和有经验的人聊天。

（5）同爱好　例如，某店员谈论出去旅游的地方，碰巧他要去的地方你恰好去过，你可以和他们聊聊旅游攻略和注意的问题，给出一些合理的建议。

（6）同关注　比如，你和某店员身材都比较胖，大家可以交流减肥的经验。

2.关心药店的生意，传播最新的医药资讯

药店的店员和经理很少有时间去关注医药行业的最新资讯，如果我们了解的最新医药资讯，尤其是关系到零售药店发展的内容，对他们来说都是津津乐道的新闻，也就有了和药店聊天的谈资。

例如，可以和药店的人员讲一讲国家关于中医药发展的规划，允许中医坐堂等，供药店老板根据自己药店的实际情况采用并规划；讨论银杏叶事件，提醒广大药品销售者，低价竞争的背后是产品质量的严重下降，也充分说明了“一分钱，一分货”的道理；告诉药店如何获取更多的会员，如何激活休眠会员。

3.化解店员难处，让其刮目相看

店员在销售药品过程中，有时会陷入消费者刁难中无法解围，此时，如果能帮忙化解此难处，会让店员对你刮目相看。

如，某日拜访药店，有个消费者在那里纠结要不要买这家药店的玫瑰花茶，说超市的比药店便宜得多，店员无言以对，准备放弃时。

OTC代表A说：“大姐，我跟你说，这个药店卖的玫瑰花茶和超市卖的不一样”。

消费者说：“怎么不一样，不都是玫瑰花茶吗？”

OTC代表A说：“是的，都是玫瑰花茶，但是药店卖的玫瑰花茶是按照药品生产标准生产的，而超市的玫瑰花茶是按照食品生产标准生产的，药品的标准生产更为严格，安全性也更高，质量也就更好，药用的价值才更高，您放心，‘一分钱，一分货’这句话肯定是不会错的”。

说完，消费者欣然接受了OTC代表A的建议，高高兴兴的买了这家药店的玫瑰花茶。店员也很开心，并表示以后可以用这一套话术来销售别的花茶。

4.独到的时政评论

每天抽空阅读报纸、书籍，勤于思考，认真分析。在这个缺乏独立思考、人云亦云的时代，如果我们能有一些独到的见解，将会赢得店员更多的倾听与交流。

【点评】聊天需要素材库，需要我们做一名爱学习的销售代表；聊天注重的是氛围，以倾听为主，而不是独自表演。不要刻意反驳或者钻牛角尖、制造不好的氛围；不要谈论关于民族、宗教等敏感话题。

【案例三】

如何做好药店客情维护

1.从最基本的事情做起

（1）固定时间拜访　如朝九晚五，即每天早上9点必须在药店，让药店首先接受你这个人。

（2）首先拜访店长　无论药店大小，首先拜访药店店长，使其感受到尊重。且连锁药店店长负责报计划调货，首先拜访店长利于产品上量。

（3）亲切对待店员　以斯利安李主管的拜访全程为例。

首先，不管到了哪家门店，他都面带微笑，不紧不慢，很淡定。看见店员聚在一起，他便掏出名片每人发一张，顺带说这么一句话“你好，我是斯利安的，这是我的名片，上边有我的电话，如果你们的亲戚、朋友或同事有准备怀孕的，我这里有十粒赠品装，可以免费给你们送上两盒”。没有人会拒绝免费的东西，更何况药店店员大部分都是女同志，对怀孕这方面大都很关心，也许当场会送出去几盒药品，但收获的会是他们的笑脸和不再有的防备，甚至他们会觉得不好意思，毕竟“拿人手短”。

接下来，开始讲解本产品知识，店员们便会认真去听。李主管的知识培训很简洁，但很容易记住：只要有来买斯利安产品的就帮我们多推荐金斯利安，买多种维生素的顾客嫌综合保健品贵的时候，也帮我们多推荐金斯利安，金斯利安里面含有0.4 mg的叶酸，吃这个就不用吃普通的斯利安了。

另外，真诚对待店员。比如，遇到药店来货，主管主动帮他们搬一些大的箱子，因为药店店员女性居多，这样的帮助，他们会很开心，很利于后期的沟通；也可帮药店清洁卫生、理货架、说说其他连锁药店的先进管理以及如何组合推药等，这些很小的事情会起到很大的作用。

【点评】做事要先从做人开始：每天按时上班，每天的工作一定要充实且真实。

2.用心拜访药店　在同药店老板及店员沟通时，要注意对方的真实需求，获取更多的联系方式，现在药店的销售人员大都是年轻人，手机号、QQ、微信都是大家常用的社交方式，这些都是我们促销活动等有力的宣传沟通工具。

3.用心学习、善于总结　善于学习，每天对自己的工作要认真做一个有效的计划和小结。不可能每次的谈话和需要解决的问题都能记在脑子里，所以书面的记忆是必备的。公司可设日报、周报和月报；自己平时可以多看一些关于药店的书籍，了解如何做好门店管理、提高销售、促进联合用药等。

4. 多与店员沟通交流 平时可以多用一些社交工具跟店员交流，拉进和店员之间的感情，可以多次同对方沟通交流，多了解和关心他们的生活，让双方成为朋友；也可以用药店理货宝给他们发任务，在达到培训的同时促进产品销售。

【点评】铺货同做好药店的客情同等重要。从基本做起，使自己永远保持一名小学生的虚心，去每家药店都按拜访药店的步骤去做；调整好心态，不是去每家药店都会受欢迎，但一定要坚持；每天做好工作计划及工作小结，这样有利于以后工作的进展；要敢于担当，勇于挑战。

（付晓娟　王　韵）

| 模块四 |

临床医药代表营销技能模块

项目一　医药产品临床专业学术推广综合实训

【实训目的】

1. 掌握　专业学术推广的基本步骤；医院专业学术推广的技巧。

2. 了解　医药产品学术推广的重要性。

3. 学会运用学术推广技巧，结合所学医药学专业知识，完成专业性的学术推广实践活动。

【实训要求】

将学生分成若干组，每组5~6人，按操作步骤具体实施；根据现有条件、给定资料分析后撰写学术推广策划方案；使学生认识到医药产品学术推广的重要性，掌握专业学术推广的基本步骤。

【实训内容】

一、实训背景

某制药公司是一家以生产传统中药六味地黄丸为主的企业，其经过研发，对传统的六味地黄丸药品进行了改良，研制出新的药品制剂——六味地黄软胶囊，首选目标市场是二级以上医疗机构的肾内科。为了增加该新产品在西南市场的知名度以及市场占有率，企业打算以专业学术推广形式开发医院终端市场。通过前期调研，公司已经掌握未覆盖市场医院终端的市场规模，以及现有产品与竞争产品的市场情况，为该公司有计划、有目的地实施市场开发战略奠定了基础。

接下来需要的工作就是根据市场部提供的调研信息策划一次西南市场医院终端的专业学术推广活动，包括对推广产品及目标客户需求的分析、本次专业学术推广活动的计划和落实（活动的切实开展及推广产品的宣传介绍）、活动效果的后期评估等。

二、操作步骤

第一步：分析

1.分析本次推广活动的产品及竞品。

（1）产品的特点。

（2）产品的卖点。

（3）产品处所的生命周期。

（4）产品所处的市场营销环境。

（5）竞争产品分析　同类产品的种类、名称、价位、成分、入市时间、营销手段以及类似活动是否频繁。

2.分析客户和医生的真实需求。

（1）生存需求　经济利益。

（2）安全需求　职称、职务、发表论文情况。

（3）尊重需求　学术水平的提高、医疗技术的提升。

（4）爱与被爱的需求　轻松愉快的交流。

（5）自我实现的需求　高水平的海内外学术交流。

第二步：计划

1.专业学术活动的目的。

（1）导入期——先入为主、宣传概念。

（2）成长期——密集投入、改变观念。

（3）成熟期——精耕细作、关系营销。

（4）衰退期——及时退市、导入新品。

2.活动的主题及类型。

（1）专家圆桌会议。

（2）VIP专家顾问委员会。

（3）医院内学术推广活动。

（4）区域学术会议。

（5）全国学术会议。

（6）国际学术会议。

（7）卫星会议。

（8）联合学术活动。

3.活动时间、地点　活动日天气情况，会场价位情况。

4.确定活动的合作方（学会、杂志社、政府部门、医院、科室）。

5.确定邀请名单。

6.排定工作日程、具体活动流程及相关负责人员。

7.预期活动目标。

8.确定活动现场负责人员（负责现场布置计划、活动当天相关材料和产品）。

9.制定产品的专业学术活动预算。

（1）会场费　租赁场地费用，包括音响、桌椅等。

（2）专家费　住宿费、交通费、餐费、劳务费。

（3）宣传费　条幅制作费、展板制作费。

（4）礼品费　荧光笔、圆珠笔等小礼品的费用。

（5）突发事件处理费　外联事件处理费（需特批）。

（6）临时员工聘用费　除正式员工外，现场需聘的工作人员劳务费。

（7）现场媒体费用　活动现场邀请当地媒体，做新闻报道或后期宣传的费用。

（8）午餐费　全体工作人员在会场的工作餐。

（9）市内交通费　指活动期间为了运输、购置物资支出的交通费。

（10）资料费　现场发放的宣传资料及使用的各种表格费用。

（11）其他　不可预测费用，一般情况为活动总费用的10%~15%。

第三步：落实

1.该学术推广活动的切实开展。

2.销售人员对重点推广的产品进行宣传介绍。

（1）产品广告或新产品宣传片。

（2）幻灯片基本内容讲解　各方面充分的准备+强烈的诱导意识+富有激情阳光的陈述=成功的讲解。

1）主题　药物的作用机制、安全性、适应证及使用方法。

2）内容　产品名称、规格、生产厂家、成分（处方）、分子式结构、作用机制（药效学）、药代动力学、适应证及临床应用举例、安全性及不良反应、注意事项、具体使用方法和结尾总结（强化产品特性），争取有提问、回答等灵活热烈的互动交流环节。

（3）扎实可信的文献依据　需要广泛阅读相关文献，关注文献作者的单位、刊登杂志的级别、报告疾病的种类，以便了解到如下内容。

1）临床多种使用方法，即给药方式。

2）论文讨论内容，更深程度地了解产品属性。

3）有价值的图表等数据。

4）相关疾病术语、参数等基本知识。

5）疾病的相关背景资料及前沿信息。

6）反复地阅读大量论文，可以快速、高效地掌握产品机制。

（4）临床常用药物对比　医生用药习惯是种非常强大但不一定合理、科学的力量，其对产品销售量的影响非常大。了解临床常用药物特性，可以增强推广过程中的学术氛围力度、提升我们的形象，同时对销售人员可以起到更好地强化信心的作用。

主要包括如下需对比内容。

1）包装规格及价格。

2）作用机制的差异点（主要参考说明书和质量标准）。

3）适应证的侧重点、差异点。

4）安全性的差异（半衰期、代谢、清除、积蓄、毒副反应等）。

5）使用方面程度（医生使用、患者耐受两方面）。

6）医保及日费用。

（5）临床疾病治疗的联合用药等疑问解答　针对患者的不同疾病，均有多种药物可供选择使用，药物之间的配伍问题直接牵扯到用药安全问题。因此，联合用药是医护人员比较关注的问题，如果能涉及此层次的问题，临床广泛使用的前景也就指日可待了。遇到个别难以解答的问题，一定要保持谦虚、认真、热情的态度，常见问题如下。

1）针对患者不同的情况，使用剂量的调整与否（孕妇、儿童、老人等）。

2）代谢的毒副反应问题。

3）药液稀释的具体比例、使用浓度（有意识地体现简化、方便的特点）。

4）使用时，给药时间的控制，缓慢、常规静滴的滴速等。

5）其他知名医院的使用情况（可以讲典型的案例）。

6）参考文献年代久远、过时的问题。

第四步：评估

（1）活动的过程。

（2）活动的目标。

（3）活动结束后专家的反馈。

【实训评价】

教师明确实训目的和要求，适时指导实训，学生分组自主组织开展实训；实训结束后，进行实训交流，师生共同评价工作成果。考核内容见实训评价表。

实训评价表（小组得分表）

考核项目	考核标准	配分	实际得分
推广产品及竞品分析	自身产品分析准确，竞品分析透彻	15分	
目标客户需求分析	客户需求分析准确，并能找准满足点	15分	
推广活动策划方案	方案完整，细节考虑周全	15分	
推广活动主持技巧	能够熟练的开场、推介、串场、结束等	10分	
产品推介演讲技巧	衣着得体、要点突出、表达准确	10分	
推广活动方案落实	产品推介效果良好，参会专家反馈良好	20分	
活动评估	能明确梳理本次活动优缺点及改进思路	15分	
合计		100分	

小组成员分工协作表（成员得分表）

成员姓名	承担的任务	任务完成情况	加减分情况	最终得分
成员1				
成员2				
成员3				
成员4				
成员5				

【参考实训报告】

××药品临床专业学术推广活动策划方案书

主办方	××医药公司/××制药企业
项目	××××学术研讨会/×××工作年会等
策划团队	×××团队
策划时间	××××年××月××日
活动时间	××××年××月××日13:00入场（13:30~16:00）

续表

参加人员	
活动地点	
邀请专家	
后期推广方式	
人数	
活动目的	
预定目标	
一、活动前准备	
1.拟定活动表	
2.制作、发送请柬	
3.确定参加人数	
4.确定主持人	
5.准备材料场地	
二、现场布置（现场布置以实际效果为准，按照不同区域做不同的布置）	
入口处	
会馆内	
1.左	
2.右	
3.上	
4.下	
5.前	
6.后	
签到处	
1.	来宾签到处设置、礼仪人员
2.	来宾身份确认
3.	资料、纪念品发放
舞台区	
	舞台区步骤
其他气氛布置营造	
	座位前摆放
本次活动的关键	

续表

三、其他准备工作	
1.相关资料及信息	行车路线图、迎接专家人员、天气、礼品、客户参会确认等
2.人员安排	
礼仪小姐	预设礼仪小姐2名，配合工作人员签到及礼品发放、发言引领等，仪式开始后礼仪小姐用于仪式现场，要求统一着礼服
工作人员	公司正装工作人员、公司便服工作人员
贵宾、嘉宾	提前确定具体人数和客户类型，提前进行统筹座位安排
四、活动当日	
8:00前	所有会场员工碰头开会，明确各自职责与负责区域
8:50前	布置会场：讲师区、客户区、客服区、专业技术咨询区、签到处、礼仪区、便服工作人员流动区等，一切布置准备就绪
9:00	将迎宾墙、贵宾签到处摆放整理，开始准备迎接前来的顾客
9:30前	播放轻音乐待备，循环播放企业宣传片
9:50前	主持人、讲师、会场工作人员、礼仪等一切准备就绪
10:00	会议正式开始，主持人开始讲话
五、活动流程	
活动开始前以背景音乐预热，并循环播放宣传片，为前来客户准备茶水，客户经理陪客户聊天	
10:00~10:30	主持人宣布活动开始，介绍活动内容、公司及公司产品、讲师背景、讲师演讲大致内容、会议礼品发放等
10:45~11:15	特邀专家××在礼仪人员的带领下入场 特邀专家××开始演讲

【参考知识要点】

××药品临床专业推广宣传展示方案（PPT展示）

临床药品专业推广知识

详见本项目操作步骤“幻灯片基本内容讲解”。

（付晓娟　张启超）

项目二　医院客户拜访综合实训

【实训目的】

1. **掌握**　医院终端促销的方法；客户拜访的实践技巧。

2. **熟悉**　医院客户拜访的基本步骤。

3. 学会进行顾客寻找、医院市场开发、客户拜访、产品推销等内容，为提高药品销售量、树立品牌奠定基础。

【实训要求】

将学生分成若干组，每组5~6人，按操作步骤具体实施；根据现有条件、给定资料分析后撰写市场开发方案；使学生认识到医院终端市场开发的重要性，掌握医院开发、客户拜访的步骤。

【实训内容】

一、实训背景

某制药公司是一家以生产抗癌药品为主的企业，其中××药品（可自行确定一种药品）的销售网络已经遍及全国许多城市，为了增加产品市场知名度以及市场占有率，企业十分重视对医院终端的开发工作。目前，公司销售网络还未覆盖到西南地区的一些城市，对未覆盖市场尤其是医药终端进行有序开发是公司进行市场开拓的重要策略。通过前期调研，公司已经掌握未覆盖市场医院终端的市场规模，以及现有产品与竞争产品的市场情况，为该公司有计划、有目的地实施市场开发战略奠定了基础。

接下来需要的工作就是根据市场部提供的调研信息，制定西南某城市几家三甲医院的开发计划，包括重点客户如何拜访、产品如何进入医院、产品进入医院后如何进行上量工作。

二、操作步骤

第一步：确定待开发医院，编写开发方案

准确判断未覆盖市场的医院市场规模、现有产品与竞争产品在该医院的情况，为制定有效决策提供信息支持。

第二步：根据方案细化具体内容

（1）确定产品进入医院的具体程序，拟定重点拜访客户。

（2）调查该医院一些基本信息，如医院地址、隶属关系、门诊量、主要科室及专家、邮政地址、联系电话等。

（3）了解本公司产品在医院的销售情况、市场占有率以及知名度等情况。

（4）了解竞争产品在该医院的销售量、销售排名、销售趋势和优缺点等。

（5）确定主要目标客户及拜访计划，如（副）院长、药剂科主任、科室主任、专家等。

第三步：开发方案的组织实施

各组自己制订拜访计划，准备好拜访资料、工具，学习相关知识。做出项目执行安排，经过培训后具体实施。

拜访客户时，按照门诊和病区进行分别拜访和实施，门诊和病区选择不同的药品进行策划，同时注意因产品和拜访地点的不同需采用的不同拜访方式。

第四步：对市场开发方案进行整理并汇报展示

【实训评价】

教师明确实训目的和要求，适时指导实训，学生分组自主组织开展实训；实训结束后，进行实训交流，师生共同评价工作成果。考核内容见实训评价表。

实训评价表（小组得分表）

考核项目	考核标准	配分	实际得分
市场开发方案	方案设计完整，无明显缺陷	20分	
细化方案内容	方案内容符合市场开发目的要求，结果完整，内容设计无明显缺陷	30分	
撰写市场开发报告	格式准确，表达较为条理	20分	

续表

考核项目	考核标准	配分	实际得分
团队协作	组内成员分工合理、团结协作	15分	
汇报展示	汇报展示大方得体，PPT制作精美、要点突出	15分	
合计		100分	

小组成员分工协作表（成员得分表）

成员姓名	承担的任务	任务完成情况	加减分情况	最终得分
成员1				
成员2				
成员3				
成员4				
成员5				

【参考实训报告】

医院市场开发策划方案

一、医院介绍

介绍医院一些基本信息，如医院地址、隶属关系、门诊量、主要科室及专家、邮政地址、联系电话等。

二、自身产品及竞争产品竞争力分析

包括本公司产品概况及在医院市场的销售情况、市场占有率以及知名度等情况；竞争产品介绍及竞争产品竞争力分析；打开该医院市场的策略。

三、具体拜访方案策划

确定主要目标客户及拜访计划，如（副）院长、药剂科主任、科室主任、专家等。

确定从哪些方面着手接触目标客户并介绍产品，如何提高拜访的有效成功率。各组自己制订拜访计划，准备好拜访所需资料、工具，学习相关知识。做出详细的项目

执行安排。

四、本次策划的不足与改进思考

【参考知识要点】

医院拜访行动计划（实例参考）

一、制定拜访计划

事前制定好拜访计划可以帮助医药代表理清思路，确立每次拜访的目标，预想好将要采取的步骤，帮助医药代表回顾要拜访医生的背景、兴趣爱好、在医疗领域的专长与观点、处方习惯以及他的行动方向等。

二、前期准备

（1）有关公司的相关背景及产品知识。

（2）有关本次客户的相关信息。

（3）拜访时需准备的基本话题及名片等。

三、人物关系分析

1. 心内科

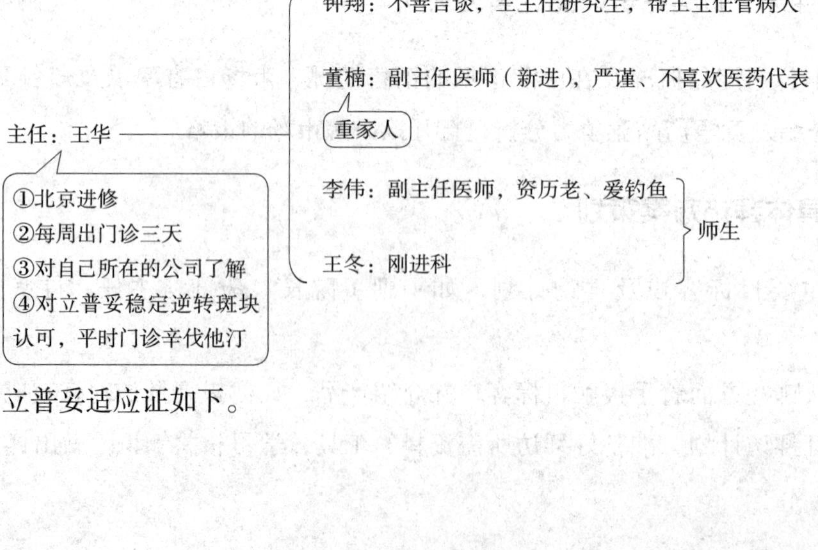

注：立普妥适应证如下。

（1）高胆固醇血症　原发性高胆固醇血症患者，包括家族性高胆固醇血症（杂合子型）或混合性高脂血症患者，如果饮食治疗和其他非药物治疗疗效不满意，应用本品可治疗其总胆固醇升高、低密度脂胆固醇升高、载脂蛋白B升高和甘油三酯升高。在纯合子家族性高胆固醇血症患者，阿托伐他汀钙可与其他降脂疗法合用或单独使用，以降低总胆固醇和低密度脂蛋白胆固醇。

（2）冠心病　冠心病或冠心病等危症（如糖尿病、症状性动脉粥样硬化性疾病等）合并高胆固醇血症或混合型血脂异常的患者，用于降低非致死性心肌梗死的风险、降低致死性和非致死性卒中的风险、降低血管重建术的风险、降低因充血性心力衰竭而住院的风险、降低心绞痛的风险。本品常用的起始剂量为10 mg，一日一次。剂量范围是每日10~80 mg。不受时间和进食限制。

2.神经内科

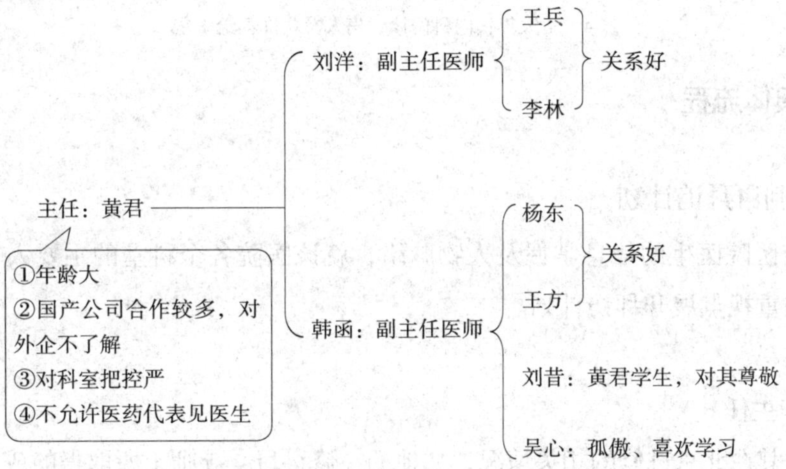

3.呼吸科

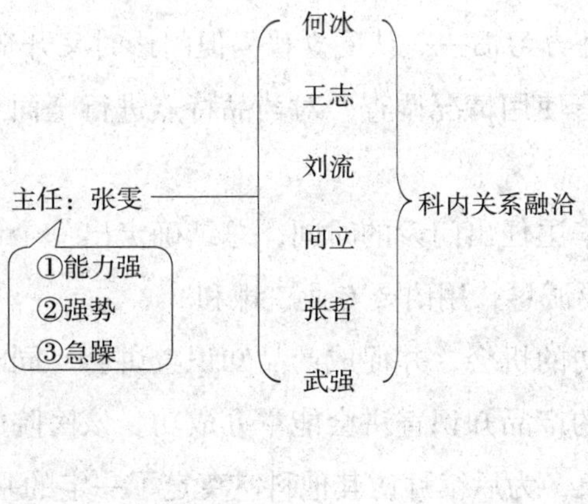

4. 内分泌科

主任：赵晓刚（①当地政协委员 ②常不在科里）

- 王烨：与心内科李伟常一起钓鱼
- 牛勤：不善言谈 } 关系好
- 蓝天 } 关系好
- 徐高：与国产公司代表好

5. 门诊 都是返聘老专家，年龄较大。

（1）王向广：中医门诊

（2）曹新 } 慢性病门诊

（3）周超 } 慢性病门诊

（4）王大年：内科门诊，病人喜欢推荐给王华

四、具体流程

（一）制订拜访计划

针对该医院医生的信息掌握及人物脉络，就该医院各个科室的主要人员，根据其自身喜好与重视点展开拜访计划。

1. 心内科

A. 王华主任

（1）对其在北京进修的相关情况，如他的主修科目、导师、所取得的成就等，进行了解。

（2）了解他平时的处方习惯——认同立普妥但门诊时又开辛伐他丁的原因。

（3）对辛伐他丁进行使用情况调查，对药品特点进行全面总结，比较突出立普妥的优点。

（4）到医院了解王华主任出门诊的时间，总结确定出一个他相对有时间、有精力的时间去拜访他，态度要诚恳，用语要专业、谦和。

（5）争取到再次拜访的机会，并促成产品知识宣讲会，同时会面该科室的其他成员。若与王华主任合作的产品知识宣讲会能举办成功，该医院的工作人员对自己的公司都会有一个初步的印象，为后续拜访其他科室奠定了一定的基础。

（6）在拜访王华主任的同时可以借机了解一些董楠和李伟的情况。

B.董楠副主任医师

（1）事先了解他的家庭状况和家人的兴趣爱好，再次见面时可送一些家人需要的生活用品，争取机会对其进行家访。

（2）要与他有与家相关的共同话题，如孩子的教育问题。

（3）注意态度要严谨恭敬、不卑不亢，以迎合他的性格特点。

C.李伟副主任医师

（1）先掌握一些钓鱼的基础知识，找适当时间与其畅聊并借机约定时间一起钓鱼，促进与其关系的良性发展。

（2）其资历较老，在医院应该有一定的人脉网，可让其邀约内分泌科王烨医生。

D.钟翔老师

（1）钟翔老师是王华主任的研究生，可通过王华主任的关系与之慢慢熟悉。

（2）根据他不善言谈的性格特点，必须谨慎而稳重，主动与其结交，建立值得信赖的友谊。

E.王冬老师　与李伟医师为师生关系，通过与李伟医师的关系来促进与王冬关系的发展。

2.神经内科

A.黄君主任

（1）年龄较大，对科室把控严，相对保守，喜欢与国产公司合作而对外企不了解，所以要先了解黄君主任喜欢合作的国产企业及医药代表的特点及其企业药品相关特点。

（2）其不喜欢医药代表见医生，可以先对她进行一个友好的电话拜访进行简单问候，根据电话拜访的反馈制定有效的拜访计划，然后根据其工作时间安排选择恰当的时间进行拜访。

（3）向其介绍企业药品时要对专业知识了解透彻，争取得到其信任。

B.刘洋副主任医师及其组内医生

（1）刘洋医师为带组医生，可通过王华主任的影响及时联系，并私下拜访向其介绍本公司有关神经内科药品的优势。

（2）通过刘洋医师可以认识其组内的王兵、李林医生。

（3）王兵和李林关系较好，可邀请两人共进午餐，在交谈中了解两位的喜好，做到投其所好。同时，通过他们更系统深入地了解黄君主任的兴趣，找到与黄君主任交流的最恰当方式。

（4）并通过王兵和李林了解刘洋医师与韩函医师的私交情况，找到合适的认识韩函医师的突破口。

C.韩函医师及其组内医生

（1）可通过刘洋医师去认识并了解他，并先电话拜访然后见面拜访。

（2）刘昔是黄君主任的学生，很尊敬黄主任，可通过韩函医师认识刘昔，通过他们对黄君主任有进一步了解——通过向他们介绍外企的相关知识加深他们对外企的了解，并通过他们间接让黄主任了解本公司。

（3）杨东和王方交好，可通过科室其他关系寻找恰当机会，促进联系，保持友好关系。

（4）吴心性格孤傲但是爱学习，可以从他的专业入手，与他谈论更多的药品相关的专业知识，建立起与他的联系。

3.呼吸科

A.张雯主任

（1）根据其强势、能力强、急躁的性格特点可判断出科室里的人对他应该十分尊重，可通过王华主任对其进行拜访。

（2）在拜访时要注意自己的言行举止，对其表现出钦佩与恭敬，通过讲其在学术上的成就体现出她的能力，给她留一个好印象。

（3）观察她的工作情况和习惯，找个适当的时间单独拜访并送上相应的礼品。

（4）拜访张雯主任时向科室里其他医师问好，送上见面礼，主动要电话号码，常发送问候短信等。

（5）呼吸科内其他成员关系融洽，得到张雯主任的信任便可得到全科室医师的信任。

4.内分泌科

A.赵晓刚主任　为政协委员，平时不在科内，要事先了解清楚在其不在科室内时，常在的主事医师是哪一位。

B.科室内其他医师

（1）通过李伟认识王烨，并与之发展良好的交流关系，并通过她去了解赵晓刚和内分泌科的其他成员。

（2）在掌握一些各个医师作息情况后，可邀请牛勤和蓝天一起共进午餐或周末活动，以拉近彼此间的距离。

（3）在此基础上认识徐高，并了解他为什么与国产公司关系好，以此来作为找出能与他友好发展的突破点。

5.门诊　门诊科大夫均为年龄稍大的返聘老专家，可做好他们观念保守、不易引起共同话题等问题的心理建设，提前了解其同龄人所关注的事物，使于找到突破口。

A.内科门诊王大年医师　根据他习惯把病人推荐给内科王华主任的特点，说明他与王华主任交好，在此前提下，可由王华主任引荐对其进行拜访，促进与他的关系发展。

B.中医门诊王向广医师　事先了解中医基础知识，以此为话题突破口与他交流并表现出对中医的兴趣，适时提出一些疑问和见解，引入中药与西药结合治疗的概念，获得其信任并取得与其长期联系的许可。适时送一些老年保健品等。

C.慢性病门诊的曹新医师和周超医师　可由其他两位门诊老专家引荐，了解其病人的特点及平时的处方习惯，主动攀谈，以学习的姿态赢得专家的好印象，为进一步交流打好基础。

（二）拜访流程设计

1.初次拜访　为再次拜访做铺垫。

（1）打招呼　在客户未开口之前，以亲切的音调向客户招呼、问候。

（2）自我介绍　介绍公司名称及自己姓名并将名片双手递上，在与其交换名片后，对客户抽时间见自己表达谢意。

（3）破冰　营造良好的气氛，找到合适的话题，以拉近彼此之间的距离，缓和客户对陌生人来访的紧张情绪。

（4）开场白的结构　提出议程—陈述议程对客户的价值—约定时间—询问是否接受。

（5）巧妙运用询问术

1）设计好问题漏斗　通过询问客户来达到探寻客户需求的真正目的。

2）结合运用扩大询问法和限定询问法　采用扩大询问法，可以让客户自由地发挥，让他多说；采用限定询问法，则让客户始终不远离会谈的主题，限定客户回答问题的方向。

（6）对客户谈到的要点进行总结并确认　根据会谈过程中所记下的重点，对客户所谈到的内容进行简单总结，确保清楚、完整，并得到客户一致同意。

（7）结束拜访时，约定下次拜访内容和时间。

2.再次拜访　满足客户需求。

（1）电话预约及确认。

（2）进门打招呼　第二次见到客户时，仍然在他未开口之前，以热情和老熟人的口吻向客户打招呼问候。

（3）再次破冰　再度营造一个好的会谈气氛，重新拉近彼此之间的距离，让客户对你的来访产生一种愉悦的心情。

（4）开场白的结构　确认理解客户的需求—介绍本公司产品的重要特征和可带给他的利益—约定时间—询问是否接受。

（5）介绍解决方法和产品特点，程序如下。

1）根据客户的信息，确认客户的每一个需要。

2）总结客户的这些需要应该通过什么方式来满足。

3）介绍每一个解决方法和产品的几个重要特点。

4）就每一个解决方法和产品所带来的影响征得客户的同意，并承诺肯定能满足他的需求。

5）总结以上谈话内容。

（6）要求承诺与谛结业务关　重提客户利益—提议下一步骤—询问是否接受。

五、总结

总结本次医院拜访的成果、经验及不足之处。

（付晓娟　张启超）

项目三　临床学术专员工作案例讨论与分析

【场景一】

医药代表拜访药剂科主任

人物　1. 某医院的药剂科张主任。

2. A公司医药代表张媛媛。

时间　某天下午3∶30。

情景　药剂科主任办公室，主任一个人坐在办公桌旁，正在看文件。医药代表手提公文包，走近办公室门口。门开着，她用手连续敲了两下，药剂科主任没有反应，又连续敲了两下。

主任：不耐烦地抬起头说："请进！"

情景　小张很自信地走到办公桌旁。

代表："张主任，您好！我是A公司的医药代表，我也姓张，叫张媛媛，这是我的名片。"

情景　双手递上自己的名片。

主任："A公司？没听说过。你找我有什么事吗？"

代表："A公司是B药业公司的子公司。我今天准备向您介绍我公司的新产品——六味地黄软胶囊。"

主任："我们医院已经有了同类产品，按照医院规定，不能再进同类新产品，你还是到其他医院去看看吧！"

代表："谢谢您的关照。不过呢，我公司的新产品很有特点，请允许我向您介绍一下，好吗？"

主任："我马上要去开会，你下次再来吧！"

代表："真的不好意思，这时候来打扰您！不过，我就打扰您一分钟，行吗？"

主任："好吧！你可得抓紧点。"

代表：“我可以坐下来与您商谈吗？”

主任：“可以。”

情景 小张的双手利索地打开公文包，迅速地取出产品说明书和一支笔。主任像往常一样准备去接产品说明书，可是，代表并没有把说明书给她。小张一手拿着说明书，另一只手拿着笔，开始简要介绍产品的特征。主任的身体不由自主地向前伸了一下。

代表：“张主任，说明书的距离似乎远了点，对您很不方便。我可以坐在这个座位上吗？”

主任：“可以。”

情景 小张把座位移到办公桌旁边的座位上坐下，然后，把说明书递到离主任很近的地方，手中的笔在说明书上流畅的移动。

代表：“六味地黄软胶囊与六味地黄丸相比，有以下四大特点。一是它的有效成分含量高，疗效好。软胶囊的主要成分丹皮酚含量大于0.3%，熊果酸含量大于0.03%，均大于其他同类剂型。二是它的崩解速度快。软胶囊的平均崩解时限为10分钟，崩解速度明显快于其他同类剂型。三是易吸收，起效快，生物利用度高。软胶囊内容物是采用水提醇沉、水蒸气蒸馏等先进提取工艺，并利用指纹图谱分析精制而成的一种油状液(脂溶性物)，不含生药粉。四是服用量少、服用方便，每次3粒，每日2次。”

主任：“看你说得这么好，医药代表都会吹牛。”

代表：“您说的很有道理，现在有些医药代表在介绍自己产品的时候，总是喜欢夸大其词，这种做法违背了科学。”

情景 主任很自然地点头，表示赞同。

代表：“我们公司在培训的时候反复强调，介绍产品一定要讲究科学，实事求是，让相关的医生在开处方时，能做一个准确的判断。”

主任：“这种产品多少钱一盒？”

代表：“28元一盒。”

主任：“这么贵！六味地黄丸才十几元一盒，这种产品在我们地区肯定不好销。”

代表：“是的，以前，我们也这样认为的。所以，今年我们才下决心开发这片市场。”

主任：“这种产品在我们地区的前景不太光明。我认为，贵公司在这儿投资不值得。”

代表：“我们在开发市场之前，在附近的市场作了一次调研，数据表明，有83.7%的病人不太关心产品的价格，而更关心它的疗效。再说，现在的患者比较讲究药品的受污染指标。我们的产品经过特殊的加工，不含残留的农药。”

主任：“你说的有点道理。”

代表：“张主任，是否进几合货，试用一下？”

主任：“现在不是进新药的时间，如果需要进新药，必须经过药事委员会讨论。”

代表：“谢谢您的关照。请问张主任，贵医院的药事委员会都由哪些专家组成的？”

主任：“这是医院的秘密，不能随便告诉人的。”

代表：“张主任的职业道德真好。那么，在开会之前，我要做哪些工作呢？”

情景　张主任似乎有点为难。小张见到这情形，马上改变策略。

代表：“我是否可以先去拜访一下内科主任，以便取得他的理解和支持，好吗？”

主任：“你自己看着办吧！”

代表：“请问，内科主任姓什么？”

主任：“内科主任姓李。”

代表：“谢谢张主任！”

【点评】

医院药剂科主任的性格特征都逃不过四种类型：友善型、外向型、分析型和驱动型，医药代表完全可针对其性格的不同对症下药。本案例中药剂科主任属于分析型。

友善型药剂科主任：需要医药代表拜访时多以轻松的方式进行沟通，尽量以开放性的问题向他们讨教，以便找出双方的共同观点；要经常表达对他们个人的关心，并且告诉他们你所能提供的帮助；此外，他们通常以安全为最主要的目标，所有的举止行为都要考虑这一点，因此，医药代表所提供的方案必须具备最低的风险。

外向型药剂科主任：需要医药代表多同他们谈论宏伟的人生目标、重要的工作目标和对子女的期望，可不时用开放性的问题询问，让他们情不自禁地放下自己的架子。让他们滔滔不绝地谈论自己的事情是给他们的最好的礼物；想要说服他们接受你的观点或想法时，则要尽量利用知名客户的案例，提供具体的证据来支持你的观点或想法。

分析型药剂科主任：需要医药代表在每次与他们沟通前准备详细的资料和分析结果，并对此成竹在胸；与他们沟通时，则需详细地列出药品的优点以及不足之处，在他们没有提出反对意见之前自己先提出，并且给出合理的解释；举出各种证据来保证你的观点是非常可靠的。

驱动型药剂科主任：需要医药代表在每次拜访前做好完善的准备工作，如医院的医疗技术、药剂科的管理、个人的兴趣爱好、新药的卖点、产品说明书的主要内容、销售工具、临床应用案例和数据等。在拜访中，医药代表一定要表现出专业的形象，如果是女主任，要根据她的喜好，对自己精心地修饰一番，以给她留下良好的第一印象。当介绍公司和新药时，一定要用讨教的口气，直截了当地进行专业化介绍；在沟通中，医药代表要时刻提醒自己，这种类型的主任有争强好胜的个性，有不同的观点和想法是正常的，要尽量避免与其产生直接的对立，可通过开放性的问题询问他们的不同意见，并不时向他们讨教建设性的建议。

【场景二】

医药代表拜访西医内科主任

人物 1.内科主任李医生。

2.A公司医药代表张媛媛。

时间：某天下午4:00。

情景 李医生的门诊室还有两个病人，小张轻轻地走进去，耐心地等待着，直到李医生把两个病人的事处理完。

代表："李医生，我是A公司的医药代表，我姓张，叫张媛媛，这是我的名片。"

医生："你有什么事吗？"

代表："我可以坐下来与您谈吗？"

医生："可以。不过，马上就要下班了。"

代表："李老师，我知道您很忙，不会打扰您很久的。"

医生："行！行！你说吧。"

代表："在当地的医药界，我早就听说了您的大名，一直想来拜访您，可是没有机会。今天我的愿望总算实现了。（稍微停顿了一会儿）今天来，主要向您介绍一下我公司的新产品——六味地黄软胶囊。"

医生："我不经常用中成药，因为，我是西医医生，对中医不太了解。"

代表："是的，很多西医医生不太了解中成药时，不经常使用中成药，我能理解这种处理方法。同时，这件事也说明，医药代表的工作太重要了，我必须把新产品的信息传递好。"

医生："国内企业的医药代表在产品知识方面不怎么专业，经常没有把新产品的相关知识介绍清楚，我们很难开处方。"

代表："谢谢李老师的提醒！我会尽力的。"

情景 小张的双手利索地打开公文包，迅速地取出产品说明书和一支笔。李医生像往常一样准备去接产品说明书，可是，代表并没有把说明书给他。小张一手拿着说明书，另一只手拿着笔，开始详细介绍产品的有关情况。

代表：“六味地黄的秘方始见于宋代钱乙《小儿药证直诀×卷下诸方》，始称地黄圆，以张仲景《金匮要略》的肾气丸减去桂枝（或肉桂）、附子，易干地黄为熟地黄而成。”

医生：“秘方的来源不错。”

代表：“六味地黄软胶囊的成分有熟地黄、山茱萸、山药、泽泻、牡丹皮、茯苓。辅料为植物油。”

医生：“请你再仔细地介绍下去。”

情景　李老对此产品很了解，只是想考考小张的专业知识。小张也心领神会，全力以赴地发挥自己的专业水平。

代表：“六味地黄软胶囊方解。三补是君药熟地黄，滋阴补肾、益精生血；臣药山茱萸，温补肝肾、收敛精气；山药，健脾补肺、涩精止泻。佐药泽泻，清泻肾火并防熟地之滋腻。配伍特点为三补三泻，补泻结合，‘肝脾肾’三阴并治，而以滋阴补肾为主。用之滋补而不留邪，降泄而不伤正，民间誉为‘小仙丹’”。

医生：“它主要治什么病?

代表：“六味地黄软胶囊功能主治为滋阴补肾。主要用于头晕耳鸣，腰膝酸软，遗精盗汗。”

医生：“该产品的主要特点是什么？”

代表：“第一，有效成分含量高，疗效好。软胶囊丹皮酚含量大于0.3%，熊果酸含量大于0.03%，均大于其他同类剂型。第二，崩解迅速。软胶囊的崩解平均时限为10分钟，崩解快于其他同类剂型。第三，易吸收，起效快，生物利用度高。软胶囊内容物系采用水提醇沉，水蒸气蒸馏等先进提取工艺，并利用指纹图谱分析精制而成的一种油状液(脂溶性物)，不含生药粉。采用水提醇沉法，对易溶于水的生物碱等采用水提之后再用乙醇浸润，去除杂质。第四，服用量少、服用方便。每次3粒，每日2次。

场景　展示与同类产品比较表格。

片剂：口服，8片/次，2次/日。	浓缩丸：口服，8粒/次，3次/日。	硬胶囊：口服，8粒/次，2次/日。	冲剂：冲服，1袋/次，2次/日。

代表：第五，含药量准，每粒软胶囊重量误差仅为1%～2%。第六，不含糖，适宜中老年朋友尤其是糖尿病患者服用。第七，‘绿色中药’，软胶囊内容物系高科技萃取结晶，不含生药粉，解决了中药制剂中长期存在的农药残留污染和重金属超标

问题。”

医生：“软胶囊的特点是比较明显的。”

代表：“李老师，能否考虑在贵科室先试用一下？刚才我介绍的，仅仅是我本人的观点，如果用案例来见证，才能真正说明问题，您说呢？”

医生：“我可以考虑试用一下贵公司的新产品，不过，我先得与科室内的其他医生商量一下，过几天给你答复，怎么样？”

代表：“行！我过几天再来看望您。”

情景 小张略微想了一会儿，然后面带笑容地说：“李老师，今天是星期二，我星期五下午四点再来如何？”

医生：“行！”

情景 小张从容地站起来，与李医生握手告别。

【点评】

提前预约，并了解医院、科室及主任的情况，比如病床数、医院规模、人际关系和禁忌、医疗资源、师承关系等，这都可能成为拜访过程中的话点或者需要注意的地方。初次见面，先进行自我介绍，创造一个轻松的氛围，传递拜访的原因、公司信息、产品信息、公司的态度以及合作的愿望，并从中探寻主任对公司以及现有厂家的态度、期望与需求等机会与威胁，初步赢得主任的信任。此次拜访结束时，要与主任约定再次拜访的时间，访后及时总结并计划下一次拜访内容。

【场景三】

医药代表再次拜访内科主任

人物 1. 某医院内科主任李医生，内科副主任王医生等四人。

2. A公司医药代表张媛媛。

时间 某星期五下午4:00。

情景 李医生等四人正在办公室聊天。小张准时来到办公室门口，李医生见到小张就热情地与她打招呼，请她进来。

李医生：“小张，你好！我们正在等你，盼你准时到来。”

代表：“谢谢！我没迟到吧！”

李医生：“没有！没有！挺准时的。我来向你介绍一下我的几位同事。这是我们的内科副主任王医生。”

代表："王医生，你好！"

王医生："小张，你好！"

李医生："这是中医内科专家孙医生。"

代表："孙医生，你好！"

孙医生："小张，你好！"

李医生："这是西医内科专家杨医生。"

代表："杨医生，你好！"

杨医生："小张，你好！"

李医生："星期二，你来我这儿介绍贵公司的新产品之后，我觉得你讲中药产品非常专业，过后呢，我又仔细地研究了贵公司的其他新产品，认为这些新产品很有前途。所以，今天把我们医院的几位专家请来，想听听其他新产品的专业介绍，好吗？"

代表："李老，您过奖了！你们都是这方面的专家，我哪敢班门弄斧啊！"

李医生："小张，没关系，他们都是我的好朋友，你大胆地讲！"

情景 众医生也点头表示赞同。

代表："谢谢李老和几位专家给我信心，那我就班门弄斧啦！上次，我向李老介绍了我公司的六味地黄软胶囊，今天，请允许我代表A公司向各位专家介绍另一个新产品，元胡止痛软胶囊。"

情景 小张的双手利索地打开公文包，迅速地取出产品说明书和一支笔。小张一手拿着说明书，另一只手拿着笔，面对四位专家，很从容地开始详细介绍新产品的有关情况。

代表："元胡止痛软胶囊处方来源于《中国药典》（1985年版）的元胡止痛片，是A公司通过对它改进剂型，采用国际流行的四大新型剂型之一——软胶囊制剂，研制而成的国家四类新药。"

孙医生："现在这种剂型确实比较流行。"

代表："元胡止痛软胶囊由延胡索和白芷组成。其方解包括延胡索，活血、行气、止痛，'能行血中气滞，气中血滞，故专治一身上下诸痛，用之中的，妙不可言'为方中君药；白芷，散风除湿、通窍止痛、消肿排脓，为方中臣佐之药。"

孙医生：（故意地考考小张。）"君臣两药之共同作用呢？"

代表："君臣两药共奏理气活血止痛之功，其特点是阴阳兼顾、气血并调，整体论治，多系统、多范围地调控人体功能，但又重在理气活血、化瘀止痛，充分体现了中医'异病同治'的辩证思维方式，为治疗气滞血瘀引起的诸痛之常用药。"

孙医生："有道理。"

代表："元胡止痛软胶囊功能主治理气、活血、止痛。用于气滞血瘀引起的胃痛、胁痛、头痛及痛经等。"

李医生："小张，你再把它的特点向大家介绍一下，好吗？"

代表："行！它的特点主要有以下几点。第一，镇痛作用强，软胶囊中延胡索总生物碱的镇痛效价约为吗啡的40%。第二，崩解、起效快，软胶囊崩解时间约为片剂的1/7，且在服用后半小时即可显效。第三，有效成分含量高，软胶囊中延胡索乙素的含量每克不小于0.5 mg，其含量约为片剂的2.3倍。第四，服用量少，软胶囊每天服用6粒量相当于服用片剂18片量。"

代表："各位专家，这是同类品种比较表。"

场景　展示表格。

山西硬胶囊	郎通硬胶囊	元胡止痛颗粒	元胡止痛片	元胡止痛滴丸
3粒/次，3次/日	4~6粒/次，3次/日	1袋/次，3次/日	4~6片/次，3次/日	20~30丸/次，3次/日

代表："第五，药量准，每粒软胶囊重量误差仅为1%~2%。第六，安全性高，软胶囊纯中药制剂、无耐药性、无成瘾性，副反应少。如吗啡有呼吸抑制、便秘及成瘾性等副反应。第七，'绿色中药'，软胶囊内的药物为高科技萃取精华，不含生药粉，无农药残留。第八，质量稳定：软胶囊是由自制压丸机压制，一次成型，全封闭剂型，避免了普通片剂含糖、易氧化、变质、久置崩解等不合格现象。"

情景　众医生点头称是，对小张的介绍极为赞赏。

杨医生："它在西医方面应用前景如何？"

代表："它在西医方面的应用前景非常广泛，在神经科，可用于治疗血管紧张性头痛、偏头痛、肋间神经痛、脑震荡后头痛等；在心血管科，可用于冠心病、心绞痛等；在肝胆消化科，可用于各种肝病、胆囊炎、胆石症、急慢性胃炎、胃与十二指肠溃疡，下痢腹痛，幽门不全梗阻等引起的疼痛；在肿瘤科，可用于各种肿瘤引起的疼痛；在妇科，可用于原发性痛经、产后宫缩痛等；在骨伤科，可用于筋骨扭伤、闪挫伤、腰肌劳损、跌打损伤所致肿痛；在外科，可用于外科手术疼痛、非化脓性肋软骨炎等疼痛。在五官科，可用于牙痛等。"

王医生："小张，您的介绍相当全面，也非常专业。李老，是否把我们几个科室的医生组织起来，让小张做一次专题介绍会，让西医医生多多了解A公司的新产品，在今后的临床中可以大胆放心地使用。"

李医生：“您的建议真不错。小张，您看如何？”

代表：“行！谢谢各位专家给我这么好的机会，我一定会把握好，不辜负各位专家的期望。这是我公司的一点小礼品，请各位专家务必收下。”

情景　小张从公文包中取出四支派克笔分送给四位专家。四位专家欣然收下。

众医生：“谢谢！”

李医生：“时间不早了，各位医生，今天就到此为止，好吗？”

众医生：“行！”

李医生：“小张，您可得准备好，咱们下次见。”

代表：行！李老，新产品介绍会的时间确定后，尽快通知我，我可以有充足的时间作准备。”

李医生：“一定，一定！”

代表：“各位医生，再见！”

众医生：“再见！”

情景　小张从从容容地走出门诊室。

情景　两星期后，在几位专家的全力协助下，小张举办了一次极为成功的新产品介绍会，A公司的新产品在该医院的前景十分好。

【点评】

案例中的小张具备较高的临床学术专员的专业素质，客户满意度较高。他成功地运用自己的产品专业知识和较高的人员素质赢取了市场，成功地让六味地黄软胶囊新产品进入医院市场，并为该产品进入相应科室奠定了良好的专家基础，为该产品的销售促进和市场维护打下了坚实的基础。

【参考知识要点】

一、临床学术专员素质要求

据医生和药师认为，医药代表的素质重要性（中国医药企业医药代表调查）要求如下。

（1）对公司产品非常熟悉并能解答相关问题。

（2）能提供详实的信息和资料。

（3）所负责产品的介绍和举办的讨论会具有专业水平。

（4）对客户提出的问题或要求非常重视，并能及时反馈。

（5）具有积极主动的销售技巧。

（6）有礼貌，乐于助人。

（7）能与客户保持密切的联络。

（8）保持合适的拜访频率。

（9）非常周到地关心和照顾客户。

二、临床学术推广的作用

（1）提升公司的专业形象。

（2）巩固公司的学术地位。

（3）增强产品的可信度。

（4）建立产品的概念。

（5）树立产品的品牌。

（6）指导临床用药。

（7）促进公司营销模式的多元化。

（8）促进企业营销组合的转变。

（9）发挥市场部的职能。

（10）促进市场部与销售部的合作。

（11）促进产品经理的成长。

三、临床学术推广的原则

（1）了解客户的观点　了解客户需要解决的问题和所有可能的解决方案，了解促成和打消客户购买产品的因素，找出客户使用本产品最重要的终点益处。

（2）专注于客户群和客户行为　确定哪些是我们试图影响或改变的客户行为，确定目标和影响他的因素。

（3）抢占先机　了解并预知客户的需求是否得到满足，抢占竞争先机。

（4）对选定的客户明确产品的独特价值　将产品的特点与对客户有意义的价值益处和情感益处联系起来，为产品建立独特恒久和非用不可的形象。

（5）纵观产品整个生命周期，规划产品有序增长　筹划和发展临床研究，并与客户充分沟通，拓展市场。

（6）塑造客户的观点　纵观产品特性、利益，策划推广信息和活动，对应客户特征，强调吸引情感益处，将客户对产品的满意度推至最高。

（7）确保执行是有效、一致、相互配合的。

（8）监察进度并重新评估决策。

（付晓娟　徐朝华）

| 模块五 |

医药电子商务模块

项目一　医药软文推广综合实训

【实训目的】

1. 掌握　营销软文写作方法。

2. 熟悉　软文的特点。

3. 了解　软文的定义。

4. 学会运用软文写作的方法，结合软文的特点，能够撰写实际产品的优秀营销软文。

【实训要求】

以5~6人为实训单位进行分组，在规定时间内就教师给定主题，进行软文写作；使学生掌握不同类型软文的特点。

【实训内容】

一、实训背景

学涯药店为提高竞争力拟进行一次以软文为主要方式的线上推广宣传，作为药店营销人员，请你和你的团队按照要求，选择一种软文类型，针对选定产品进行软文创作。

二、实训步骤

（1）分组并确定具体推广的产品。

（2）分析该产品所适合的软文类型。

（3）在规定时间内撰写软文文案。

（4）各组撰写实训总结。

【实训评价】

教师明确实训目的和要求，适时指导实训，学生分组自主组织开展实训；实训结束后，进行实训交流，师生共同评价工作成果。考核内容见实训评价表。

实训评价表（小组得分表）

考核项目	考核标准	配分	实际得分
药店软文宣传	准确选择合适的软文类型	20分	
	准确把握软文特点且符合软文撰写要求	30分	
	保证软文所针对真品的真实性	20分	
团队协作	组内成员分工合理、团结协作	20分	
完成时间	每超过1分钟扣1分，至本项分数扣完为止	10分	
合计		100分	

小组成员分工协作表（成员得分表）

成员姓名	承担的任务	任务完成情况	加减分情况	最终得分
成员1				
成员2				
成员3				
成员4				
成员5				

【参考知识要点】

1.悬念式　也可以叫设问式。核心是提出一个问题，然后围绕这个问题自问自答。以某企业的《带好团队拿结果》企业内训软文为例，软文的开篇包括“为什么企业总是靠老板拖着走，员工工作总是缺乏激情和主动性？”“为什么制度出台以后，总是难以贯彻下去，导致制度变形？”“为什么团队不缺能人但缺乏活力？”“如何提升忠诚的责任心和领导力？”等。通过设置一些问题引起话题和关注是悬念式软文的优势。悬念式需要具备敏锐的洞察力，可以提出有吸引力的问题，答案要符合常识，否则会起到反作用。

2.故事式 通过一个完整的故事把产品表达出来，利用产品的亮点塑造出产品的神秘感，从而对消费者心理造成强暗示，让销售成为必然。故事式的软文必须具备新颖且富有创意的标题。比如一个营销课程介绍的标题为“江湖中失传多年的38条营销秘籍”，客户在看到此标题时会很容易被这个创意性的标题吸引住，引发后续的阅读。但故事式软文也并不是完全以讲故事为目的，它的关键实际上是故事背后的产品线索。我们在软文写作时要善于利用故事的知识性、趣味性及合理性，将产品的优点表达给客户。

（王 韵）

项目二　医药物流管理综合实训

【实训目的】

1. **掌握**　医药第三方物流管理作业流程绘制的方法与技巧。

2. **熟悉**　第三方物流这个新兴物流模式产生和价值所在。

3. **了解**　第三方物流的定义。

4. 学会运用第三方物流管理作业流程绘制的方法和技巧，完成实际医药物流公司流程图的绘制。

【实训要求】

以5~6人为实训单位进行分组，在规定时间内就教师给定主题，进行医药物流公司流程图的绘制；使学生掌握医药第三方物流的特点与要求。

【实训内容】

一、实训背景

学涯药店拟将物流业务外包给某医药第三方物流公司。为比较第三方物流公司的优势与劣势，作为药店管理人员，请你和你的团队按照要求，选择一家第三方物流公司进行调研，并绘制出该公司的物流作业流程图。

二、实训步骤

（1）分组并确定有意向的第三方物流公司。

（2）分析该公司的物流作业流程，并绘制流程图。

（3）简述该公司的核心竞争力。

（4）各组撰写实训总结。

【实训评价】

教师明确实训目的和要求，适时指导实训，学生分组自主组织开展实训；实训结束后，进行实训交流，师生共同评价工作成果。考核内容见实训评价表。

实训评价表（小组得分表）

考核项目	考核标准	配分	实际得分
第三方医药物流	准确了解目前已知的医药类第三方物流公司	20分	
	画出选定第三方物流公司作业流程图	30分	
	简述该公司业务的核心竞争力	20分	
团队协作	组内成员分工合理、团结协作	20分	
完成时间	每超过1分钟扣1分，至本项分数扣完为止	10分	
合计		100分	

小组成员分工协作表（成员得分表）

成员姓名	承担的任务	任务完成情况	加减分情况	最终得分
成员1				
成员2				
成员3				
成员4				
成员5				

【参考知识要点】

1.第一方物流　由卖方、生产者或供应方组织的物流，这些组织的核心业务是生产和供应商品，为了自身生产和销售业务需要而进行物流自身网络及设施设备的投资、经营与管理。

2.第二方物流　由买方、销售者组织的物流，这些组织的核心业务是采购并销售商品，为了销售业务需要投资建设物流网络、物流设施和设备，并进行具体的物流业务运作组织和管理。

3.第三方物流　由供方与需方以外的物流企业提供物流服务的业务模式(Third-Party Logistics，简称TPL或3PL)。20世纪80年代开始盛行

4.外包的概念　源自于管理学中的Outsourcing，是指企业动态地配置自身和其他企业的功能和服务，利用外部资源为企业内部的生产经营服务。

（王　韵）

项目三　ERP企业经营管理沙盘模拟综合实训

【实训目的】

1.掌握　ERP企业经营管理的基本方法；掌握ERP企业经营管理的精髓。

2.了解　ERP的含义。

3.学会运用ERP企业经营管理精髓对实际管理团队的资源进行优化、整合，能有计划的完成团队/企业内各类资源的综合使用。

【实训要求】

以5~6人为实训单位进行分组，在规定时间内按照不同角色共同完成3年企业经营管理；使学生了解ERP的含义，掌握ERP经营管理的精髓。

【实训内容】

一、实训背景

某团队经营的企业是一个生产制造型企业，长期以来一直专注于某行业P系列产品的生产与经营。目前，企业拥有一间大厂房，其中安装了3条手工生产线和1条半自动生产线，全部生产P产品，几年以来一直只在本地市场进行销售。公司董事会及全体股东聘请一家权威机构对该行业的发展前景进行了预测，认为P产品将会从目前的相对低水平发展为一个高技术产品。为此，公司董事会及全体股东决定将企业交给我们在座的各位去发展，他们希望新的管理层能做到以下几点。

（1）投资新产品的开发，使公司的市场地位得到进一步提升。

（2）开发本地市场以外的其他市场，进一步拓展市场领域。

（3）扩大生产规模，采用现代化生产手段，努力提高生产效率。

二、实训步骤

第一步：课前布置复习、资料查阅和团队分工

（1）课前要求学生回顾本学期所学的营销学知识，查阅资料，重点思考不断变化的市场营销环境中，要做好企业的营销和管理需要考虑哪些因素（如市场宏观和微观环境因素、财务因素、4PS营销策略、促销方案等）。

（2）学生被分成5个团队（模拟5个公司，自行命名），每位同学分别担任其中首席执行官（CEO）、财务总监、生产总监、采购总监、生产总监、财务助理及生产助理等不同的角色，团队成员事前须明确自己在组织中的分工和职责。

第二步：课堂教学模拟实战、学生汇报总结

1.市场规则熟悉 上课开始，教师发放本次模拟实践规则、教学相关财务报表和生产报表，并要求各团队全程进行模拟公司运营。

2.企业初始状态设置 各经营企业根据动态的市场环境以及企业对市场前景、盈利预期的判断投放促销费用（广告费），从而根据排序选择适宜本企业生产经营的订单；根据资金和生产周期决定生产线的购置、新产品研发、区域市场开发等。

3.实际模拟训练 各经营企业实战进行为期3年的营销管理工作，其中涉及原材料的购买、产品的贮存与销售、资金周转过程中的银行借贷、还款、利息以及生产过程中资产核算等各项内容，最后，结合生产报表和财务报表核算出公司盈亏情况。

4.团队汇报总结 根据公司盈亏情况以及在为期3年的经营体验，各团队成员碰头思考、讨论、总结如下几个问题：①企业营销管理成败的关键因素是什么；②本次模拟实战中您印象最深的是什么；③在本次模拟中，你认为你做对或做错的决定是什么；④带来了什么后果；⑤如果有机会重来，你会怎么做；⑥你有什么想法和感受带到将来的工作中吗。

第三步：教师总结点评，为将来的工作做好ERP实战训练

教师告诉学生企业的营销管理工作是循序渐进的，需要创新思维、开拓经营思路、良好的市场预测能力、未来市场的把控能力和紧密的团队协作才能最终取得优异的营销管理成效。

【实训评价】

教师明确实训目的和要求，适时指导实训，学生分组自主组织开展实训；实训结

束后，进行实训交流，师生共同评价工作成果。考核内容见实训评价表。

实训评价表（小组得分表）

考核项目	考核标准	配分	实际得分
企业最终权益	七年运营结束时企业最终的权益值	50分	
团队协作	运营期间团队团结协作情况	20分	
环境分析能力	在应对复杂的市场环境时，分析预判能力	10分	
CEO组织管理能力	在面对成员不团结、沟通不畅时，CEO的组织协调和管理能力	10分	
CEO决策能力	面对多种决策建议时，CEO能精准判断，及时做出正确的企业经营决策	10分	
合计		100分	

小组成员分工协作表（成员得分表）

成员姓名	扮演的角色	任务完成情况	加减分情况	最终得分
成员1				
成员2				
成员3				
成员4				
成员5				

【参考知识要点】

ERP沙盘模拟规则

初始年

（1）初始资金为40 M（1 M=100万），共计4000万。

（2）每年1月1日，召开产品订货会（投放广告费），按照投放广告费的多少决定选订单的顺序，每组最多只能选2张订单。

（3）产品交货期是账期后的一个季度（1季度=1 Q）。

（4）每年均需缴纳的费用包括广告费（每个公司自己定）、税金（1 M）、工资（1 M）。

（5）生产线的购买只能在第二年和第三年的1月份进行。

（6）自动生产线有3 Q的安装周期，半自动生产线有1 Q的安装周期。

（7）第二年开始有生产线折旧费，1条生产线1 M，若3条生产线（无论是手工生产线还是自动、半自动生产线），则需缴纳3 M；每条生产线运行三年后不再产生折旧费。

（8）第二年开始有生产线维修费，1条生产线1 M，若3条生产线（无论是手工生产线还是自动、半自动生产线），则需缴纳3 M。

（9）资金不足可以贷款，每个公司贷款总额为2000万，即20 M，最多两次贷款机会。

（10）若贷款，则贷款期间每年最后一个季度需缴纳利息，10 M缴纳1 M/年，20 M缴纳2 M/年，直至还清贷款。

（11）P产品可在第二年开始研发，研发费用为5 M，此后不再产生。

（12）每条生产线的价格及变卖残值表如下。

生产线	购置费（M）	安装周期（Q）	加工费（M/年）	维修费（M/年）	残值（M）
手工线	5	无	无	1	1
半自动	8	2	无	1	2
自动线	15	3	1	1	3

（13）资产折算值表如下。

资产	折算值（M/条）	资产	折算值（M/个）	资产	折算值（M）
手工线	2	在制品	1	区域市场准入资格	0.5
半自动	4	产成品	2	P产品研发资格	2
自动线	7	原材料	0.5		

ERP沙盘模拟总结（请各企业CEO总结）

1.企业经营成败的关键因素是什么？

2.本次沙盘训练的主要体会。

（1）本次训练你印象最深的内容是什么？

（2）你认为做对或做错的事情是什么，带来了什么结果？

（3）如果有机会继续经营或重来，你会怎么做？

（4）你有什么感受和想法带到将来的工作中吗？

公司名称：　　　　　　　　　　所属班级：

所在组别：　　　　　　　　　　公司成员：

汇报人：　　　　　　　　　　　汇报时间：

（付晓娟）

项目四　医药电子商务案例讨论与分析

【案例一】

各大医药产业电子商务案例比较

1. 药房网

“药房网”是北京京卫药业集团出资创办的全国首家合法网上药店，通过搭建开放式的医药零售电子商务平台，为全球网上购物人群提供全面的（药品、保健品、美容护肤、减肥瘦身、母婴用品、成人用品、医疗器械等）健康医药信息与交易服务。目前，“药房网”已建数量为80万的会员数据库，日均IP访问量达7200次。

【点评】“药房网”拥有独立专业的药品物流队伍“京卫利达”和7000 m^2标准化药品物流库房面积，其优势主要包括以下三点：一是率先实现了B2C交易平台与ERP系统、CRM系统的有效结合，形成了符合质量管理标准的运营体系，并与国内外多家知名药企和外围服务公司有密切合作；二是“药房网”上的药品价格普遍低于市场价10%~15%；三是在沈阳、济南等地可实现网上药店的销售系统与医保报销系统有效对接，不仅大大方便消费者购药，还能提高医保资金的使用效率，表明制定互联网上医保消费办法是助力医药电商持续快速均衡发展的有效途径。

2. 京东医药城

京东商城于2013年8月底联合8大药企上线“京东医药城”。第一批签署协议的地区和连锁医药企业分别为：北京—北京京卫元华；上海—复美大药房；山东济南—漱玉平民；湖北武汉—中联大药房；河北张家口—华佗大药房；广东广州—二天堂；甘肃兰州—德生堂；湖南怀化—怀仁大药房。

【点评】“京东医药城”的优势在于区域独占O2O模式：构建于本地服务，在各区域内整合独家的大型专业医药连锁药店资源，消费者线上订单通过线下连锁门店店员送货上门，实现当地化配送。该模式线上开展及拟开展业务包括网上健康产品零售、药学咨询服务、医患互动平台、移动药店等；线下开展及拟开展业务包括门店专业配送物流、远程集中审方中心、用药提醒服务、药店的药学服务数字终端、治疗方案建议与优化等。

区域独占O2O模式是由各区域内审核通过的入驻商家来完成线上医药城的销售和服务职能，因此，可以避免由恶性价格战而引发的医药市场混乱问题，并能提高服务和物流质量。实体药店在“O2O”配送过程中，可以防止区域性串货并能保证用户在48小时能收到订单货物，从根本上解决最后一公里的配送问题。

目前，“京东医药城”正积极接洽医药电商平台的处方药试点事宜，表明医药电商要获得突破性发展，迫切需要合理开发占医药总市场80%份额的处方药市场。

3. 寻医问药网

“寻医问药网”成立于2001年，隶属于世纪闻康（北京）科技发展有限公司，是目前国内大型医药医疗健康服务网站之一。

【点评】“寻医问药网”的特色在于将“寻医”和“问药”两个服务的线上结合：创新地将“医患和患患交流互动平台”“药品权威专业数据库与电商交互平台”“一流医院和一流专家权威分诊与咨询平台”“个人健康管理应用互动平台”“医药、医院搜索和健康资讯平台”等综合服务集于一体；将网民、医药企业、医院医生三方有机结合，建立了专家在线咨询、预约分诊、私人医生健康档案管理、专业药品数据库、药品和保健品在线查询评论等有特色的产品体系，覆盖医疗健康的方方面面；充分满足用户“寻医”和“问药”的各种需求，为用户提供完善、方便、快捷的整合性健康综合服务。

4. 药百川

“药百川”是赛柏蓝（北京）电子商务有限公司运营的第三方电子商务平台，服务对象以医药经销商、零售商和厂家为主。“药百川”基于医药行业运行特点，量身定制了B2B、B2C、B2M2C、B2M2B以及由厂家、经销、终端共同参与的合力营销等诸多的商业模型，并提供大量辅助软件工具。依托“药百川”平台，医药企业可以快速组织、定制符合自身需要的电子商务解决方案，不仅能够面向下游开展电子商务，同时还可以直接参与到上游，实现进销全过程的商务协同。该公司还推出一款与平台配套的即时通讯系统及在线客服工具“药百通”，主要用于平台商务会员间日常的信息交流和用户在线咨询。

【点评】“药百川”的成功案例有北京源通营销在线、江苏康之捷营销在线、南京上元堂网上商城等医药平台。

5. 健一网

“健一网”是华润集团的网上药店，业务涵盖医药行业B2B及B2C，隶属于上海华源大药房连锁经营有限公司。“健一网”2013年以3.8亿元的年销售额占据国内医药B2C排行榜首。“健一网”医药电商企业参展第71届全国药品交易会，从某种程度上来说，标志着网上药店已跻身国内药品流通主渠道之列。此外，华源大药房也入驻“天猫”旗舰店。

【点评】上海其他知名医药电商还有药品零售网（隶属上海华氏大药房门户）、导药网（隶属上海复美益星大药房连锁有限公司）和第一医药网上商店（隶属于上海市第一医药商店连锁经营有限公司）等企业。

6. 丁香园

“丁香园”成立于2000年7月23日，隶属于观澜网络（杭州）有限公司。该公司一直致力于医药及生命科学领域的互联网实践，为用户提供多种形式的交流平台和工具，是目前行业规模最大并极具影响力的社会化媒体平台。

【点评】“丁香园”旗下有丁香园论坛（实验技术讨论、专业知识交流、文献检索服务、科研课题申报、考硕考博信息等服务）、丁香人才（专业医药生物人才招聘平台）、丁香通（专业生物医药商业信息平台）、丁香客（生物医药专业人士的微博平台）、丁香会议（医学、药学、生命科学会议会展）、家庭用药（移动app）等子网站。目前用户超过300万，服务客户达数千家，并分布在全球各地。“丁香园”正尝试将服务的范围扩展到大健康领域，利用其优质的医疗资源，结合互联网和移动互联网的手段为大众健康服务。

7. 七乐康网上药店

“七乐康网上大药”房隶属于广州七乐康药业连锁有限公司，以独特的线上线下相结合的“1+N”战略模式，建立并运营起独立的医药网站，同时，“进驻当当、亚马逊、拍拍、V+”等平台。2012年，“七乐康网上药店”实现销售1.2亿元；2013年前4个月的总销售突破1亿元，全年完成销售近4亿元；2014年以来，月均销售近亿元，年销售突破10亿元。“七乐康网上药店”以销售计生用品、医疗器械、美瞳以及OTC药品四大类目为主（消费人群仍属年轻人），分别占到总销量的20%左右；个人护理、奶粉等其他品类总量问题占到20%左右。此外，“七乐康”还与“康复之家”和“宝岛眼镜”等企业合作探索O2O试点。

【总结】

随着智能掌上设备与3G/4G移动网络的普及与发展，国内移动电子商务迎来了高速发展的春天。继“寻医问药网”推出“寻医问药问医生”“药品指南”“挂号助手”等多款医药信息移动咨询应用之后，“金象网、818医药网、海王星辰、开心人网上药店、1号药网和九州通”等医药电商已经开始通过各自不同的方式进军移动市场。但从线上医药消费品来看，医药电商移动互联网战略应先从医药信息服务开始做起，从“用药提醒、问诊咨询、保健常识、锻炼计数”等健康相关的信息咨询切入，然后再逐步加入购药提醒，产品销售等增值服务，最终开辟问诊购药新市场。

医药移动市场将可能带来的改变有：①拓展问诊渠道，解决就诊资源有限的瓶颈；②移动购药体验，拓宽医药流通市场；③普及医学知识，帮助医生和患者共同持续学习。

物流技术和服务确保药品质量

基于药品的专业特性以及消费者要求的便利性和安全性，医药电商需重点做好药品的品质以及售后处理，提高物流技术和服务水平。因此，大型医药企业应加快物流整合的脚步，科学规划医药物流基础建设；中小规模医药企业应严格审核第三方物流企业医药配送资质，并通过优化供应链上下游环节的合作模式来取得成本降低和服务提高的目的；物流企业应积极投产自动化、智能化设备，尤其要加大对冷链物流建设的投资。只要利用高新技术和提高物流服务才能更好地保证药品质量，而药品质量的得以保证就能提高消费者对医药电商的信赖，促进医药电商的蓬勃发展。

利用大数据，一方面，可以让医药行业更加透明和公平，实现物流可追溯、政府可监管，一旦能够监管，面向医药电商开放处方药和医保的问题就能更快落实，也可为用户提供更加便捷的购药服务；另一方面，可以通过洞察和分析用户购药信息，为用户提前预测疾病隐患，提高用户预防意识，最终达到提升人们健康水平的目的。

【案例二】

天猫医药馆

B2C电子商务已经在向各个消费市场细分领域扩张，最近最热门的细分市场当属医药类电商。“天猫医药馆”在经历了8个月的调整之后，近日又重新恢复上线。一直以来很多药企与药商都垂涎医药类电商市场，但由于药监局对医药类电商市场发展的态度比较慎重，所以这一领域一直处于缓慢发展的状态。重新上线的“天猫医药馆”已经从电商交易平台转变为商品浏览平台，其实“天猫医药馆”只能算是一个电商玩笑。

【案例分析】

经过8个月改版的“天猫医药馆”已经从电商交易平台转变为商品浏览平台，准确点可以说成是一家精准的医药类电商导航网站。“天猫医药馆”只提供药品展示平台，并不直接提供交易，在消费者选择好目标药品之后会跳转到该药品所在的药房官网站进行接下来的交易。在初次交易的过程中会出现一次向第三方网站的授权提示，授权之后消费者的淘宝账户可以直接在相应的网上药房购买药品，整个购药流程与一般的淘宝购物差异并不大。

“天猫”通过向第三方药店授权的方式完成了“天猫医药馆”的上线，并与各大药店合作，打通“天猫医药馆”与各大药店网站支付页面的链接通路，实际上这整个交易流程对于普通的消费者来说没有太大影响，用户体验也尚可。但是交易终究不是在“天猫医药馆”内完成的，不管交易量有多大，都不能算作“天猫”的业绩。“天猫医药馆”只充当一个流量转换的平台，这样的“天猫医药馆”到底还算不算电商平台？其实，它更像是一个电商花瓶。

【总结】目前的网络售药的价格与线下销售的价格差不多，但是在线下很多消费者购药时都可以通过医保省去一定的费用，而网络购买药品不可以使用医保消费，那这样又会缩小医药类电商市场。不仅如此，处方药也不可以在网上销售，这样又一大块的市场也没有了。“天猫医药馆”只是天猫商城在电商竞争当中一招防守布局，其市场前景有待时间的验证。

【案例三】

金象网上药店

在京城医药经营企业中，金象大药房是赫赫有名的“四大家族”之一，2007年6月18号，在电子商务发展迅速的时代契机下，金象大药房网上药店正式成立了。所谓网上药店，实际上就是医药连锁零售企业利用网络这个平台，向个人消费者提供互联网药品交易服务的行为。

【案例分析】

从互联网行业的角度来看，金象网上药店属于“B2C”网站。“B”即商业机构，“C”是指消费者。目前看来，“C”将成为网上药店的重中之重。

自生优势如下。

优势一：连锁和品牌。

优势二：运作自己的会员系统，借“品牌”和“服务”锁定消费者。通过后台的客户数据分析，了解客户的需求，提供讲座和治疗信息。

优势三：采用“双效物流”，即讲求效益和效率的双效。

【总结】

策略一：金象网上药店是国内拥有《互联网药品信息服务资格证书》和《互联网药品交易服务资格证书》的网上药店之一，这让消费者对其药品安全的信任度有所增加。

策略二：作为首批合法的网上药品经营企业，金象网上药店的服务理念——“悉察顾客需求，超越顾客期待”，将顾客利益放在首位，易培养消费者的忠诚度。

策略三：金象网上药店一改以往的专业分类方法，将网上药店的分类更加平民化，更加贴近消费者。

策略四：金象网上药店从终端市场切入，溯流而上，带动市场、产品、工业制造体系和研究开发工作的集约化发展。

【案例四】

艾瑞咨询

艾瑞咨询集团是一家专注于网络媒体、电子商务、网络游戏、无线增值等新经济领域，深入了解和研究消费者行为，并为网络行业客户及传统行业客户提供市场调查研究和咨询服务的专业研究机构。公司旨在通过优质的研究咨询服务及可量化的数据产品，帮助客户提高对中国新经济的认知水平、盈利能力和综合竞争力，并推动中国新经济行业的整体发展。

【总结】

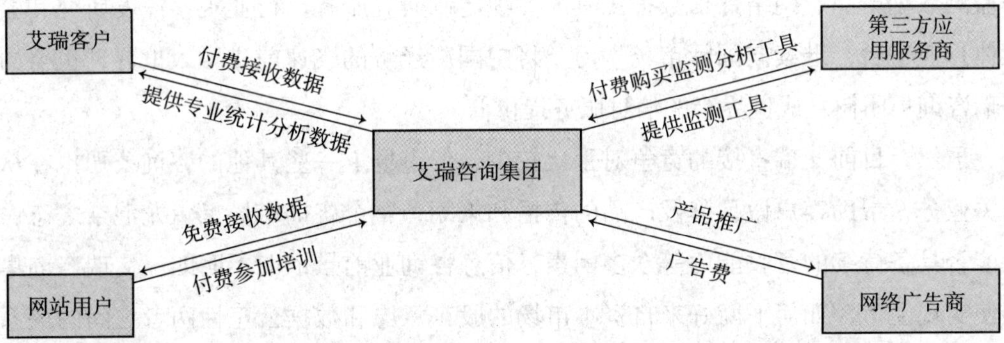

【商业模式】

主要通过艾瑞客户解决方案、网络监测数据产品、网络评估数据工具、专项定制研究服务、行业观察深度研究、会务媒体行业平台等形式向目标客户提供优质的研究咨询服务及可量化的数据产品获利。

网络广告　艾瑞广告先锋，定位“先锋营销人每日必读”，是艾瑞咨询集团着力打造的网络广告与互动营销专业网站。细分其受众：广告代理、互动行销、新媒体从业人员及品牌广告主。艾瑞咨询集团通过营销案例、行业黄页、行业资讯及广告人论坛四大板块，为大众提供全方位网络广告与网络营销服务而获利。

第三方应用服务　艾瑞咨询集团向关注网络经济发展以及互联网、电信相关行业从业人士或企业提供由几百位权威的专家、分析师以及专业人士合成的统计分析数据，部分收费，并且这部分费用占据着企业盈利的很大一部分。

技术培训　艾瑞咨询集团旗下有艾瑞学院，致力于开展电子商务、网络营销、移动互联网等领域宏观及趋势、运营与管理、实战与技巧等多层次深度付费培训课程，引领企业持续提升互联网应用效率。

【点评】明朗新经济产业格局，加速行业规范化进程，逐渐形成艾瑞独到的研究报告体系。其自主研发的网络广告投放监测系统、网民行为监测系统等产品也随着艾瑞一起成长，在互联网信息咨询领域中独树一帜，快速发展。在此基础上，艾瑞咨询集团创新研发，监测领域从互联网向无线延伸，目前已拥有国内数据累积时间最长、规模最大、最为稳定的各类数据库。艾瑞咨询集团每年还为近200家知名企业提供定制化精准解决方案，不仅为新经济企业分析利弊，增强竞争优势，更为传统企业的网络化进程提供帮助。

艾瑞咨询集团研究范围涉及大量重要部门和行业，在巩固国内业务的同时加速了国际化进程，目前已成功渗透到日本、韩国等亚洲强国的新经济市场，并凭借对行业宏观深度解读及热点事件的独到解读影响到欧美等国家。艾瑞咨询集团将不断完善网络监测数据产品、网络评估数据工具、专项定制研究服务、行业观察深度研究和会务媒体行业平台，继续向国际市场学习，将中国新经济的飞速前进融入世界，也努力将艾瑞咨询集团树立成世界级的信息服务提供商。

虽然，目前艾瑞直接的竞争对手比较少，但市场上一些其他的咨询公司也在从事公关业务，帮助客户做品牌及产品的传播和策划，整个咨询市场呈鱼龙混杂之态；加上能否具备持续的营收能力等众多因素，信息咨询业前景依旧不明朗。艾瑞咨询集团即使实现上市，如何平衡好来自资本市场的股东意愿和数据公正性两者之间的关系也是一大难题。

（谢　颖）